자기만의 철학으로
삶을 다시 써 내려가고 싶은
_____님께
이 책을 전합니다.

나의 철학 노트

일러두기

· 책에 인용된 철학자들의 말은 모두 저자가 직접 우리말로 옮겼다.

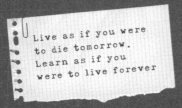

Live as if you were
to die tomorrow.
Learn as if you
were to live forever

Amor
fati

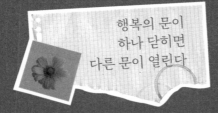

행복의 문이
하나 닫히면
다른 문이 열린다

Happiness
depends
upon
ourselves

읽고 쓸수록 내일이 달라지는
101가지 철학자의 말

정지영 지음

나의
철학 노트

철학자의 문장 필사하기

철학자의 말 가운데 인상적인
문장들을 직접 써 보는 필사 공
간이 마련되어 있습니다. 손으
로 따라 써 보며, 그 말이 지금
의 나에게 어떤 질문을 던지는
지 떠올려 보세요.

*
철학자의 문장 필사하기

"탁월함에 이르려면 먼저 연습이 필요하다. 이는 기술을 익
힐 때와 마찬가지 이치다."

〈니코마코스 윤리학〉

"믿기 위해 이해하려 하지 말고, 이해하기 위해 믿으라."

〈요한복음 성교훈〉

필로소피 TO DO LIST

철학자의 문장을 바탕으로 오
늘 내가 실천할 수 있는 작은
행동을 적어 보는 곳입니다. 하
루를 살아가며 구체적으로 실
천할 수 있는 다짐을 생각해 보
고, 직접 써 보세요.

*
필로소피 TO DO LIST

"내면의 혼돈을 품어야만 춤추는 별을 낳을 수 있다."

〈자라투스트라는 이렇게 말했다〉

부정적인 감정을 두려워하지 않기 위한 TO DO LIST

- ☐ _____
- ☐ _____
- ☐ _____
- ☐ _____
- ☐ _____
- ☐ _____
- ☐ _____
- ☐ _____

필로소피 다이어리

삶과 철학이 만나는 지점을 자유롭게 써 보세요. 구체적인 기억이나 감정, 떠오른 질문도 함께 적어 두면 좋습니다.

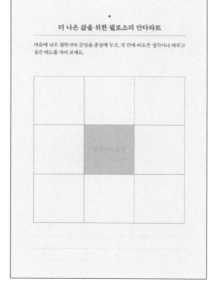

더 나은 삶을 위한
필로소피 만다라트

사유를 넓히고 삶의 구체적인 변화로 연결하는 작은 철학 실천의 장으로써, 각 칸에 떠오른 생각, 바꾸고 싶은 태도, 실천하고 싶은 방향을 자유롭게 적어 보세요.

이 페이지는 《나의 철학 노트》 101꼭지를 읽어가는 과정을 기록하는 공간입니다. 읽은 꼭지에 체크하며 나만의 철학 여정을 차곡차곡 쌓아 보세요.

001	002	003	004	005	006	007
008	009	010	011	012	013	014
015	016	017	018	019	020	021
022	023	024	025	026	027	028
029	031	031	032	033	034	035
036	037	038	039	040	04	042
043	044	045	046	047	048	049
050	051	052	053	054	055	056

057 058 059 060 061 062 063

064 065 066 067 068 069 070

071 072 073 074 075 076 077

078 079 080 081 082 083 084

085 086 087 088 089 090 091

092 093 094 095 096 097 098

099 100 101

철학은 멀리 있지 않습니다

우리는 종종 철학을 머나먼 학문으로 생각합니다. 두껍고 난해한 책 속에 갇혀 있는, 현실과는 무관한 사유의 체계라고 생각하죠.

들뢰즈, 하이데거, 칸트 같은 이름만 들어도 숨이 턱 막히고, '삶'보다 '사유'가 먼저인 듯한 문장들은 접근하기조차 힘들게 느껴지기 일쑤입니다. 그래서 철학은 종종 '지금의 내 삶과는 별개'라고 여겨지고, 당장 해결해야 할 현실의 무게 앞에서 우선순위에서 밀려나기도 합니다.

하지만 철학은 그저 생각의 유희가 아닙니다. 삶에 밀착된 질문, 마음을 붙잡는 통찰, 나를 다시 중심에 세우게 하는 언어가 바로 철학입니다.

어디서부터 잘못된 것인지 알 수 없이 마음이 무거울 때, 분명 쉬지 않고 달려왔지만 어딘가 공허할 때, 하루하루 잘 살아 내고 있음에도 '나는 지금 제대로 가고 있는가?'라는 막연한 질문이 떠오를 때 철학은 그 질문을 그냥 지나치지 말라고 말합니다.

우리는 수없이 많은 결정과 판단 속에서 살아갑니다. 말 한마디, 관계의 거리, 오늘 해야 할 일의 우선순위, 언제 멈추고 언제 나아갈지를 결정할 때마다, 우리는 스스로에게 어떤 기준을 적용합니다.

그런데 그 기준은 과연 나의 것일까요? 나를 위해 만든 것일까요? 많은 경우에서 우리는 타인의 기대와 사회의 규범, 과거의 후회와 미래의 불안을 선택의 근거로 삼고 있습니다. 그러면서도 그 선택이 왜 늘 찜찜하고 불편한지조차 모른 채 살아갑니다.

하지만 철학은 여기에서부터 시작됩니다. 철학은 그런 혼란을 정리하는 언어이기 때문입니다. 그저 좋은 삶을 꿈꾸는 것이 아니라 무엇이 좋은 삶인지를 묻고, 나에게 진짜 중요한 것이 무엇인지 골똘히 들여다보게 합니다.

철학은 내 안에서 끊임없이 움직이는 불안, 비교, 욕망, 갈등의 감정을 억누르지 않고 직면하게 합니다. 그리고 그 감정들 아래에 있는 삶의 근원적인 물음을 건져 올립니다. 나를 지키면서도 타인과 어울릴 수 있는 삶, 후회 없이 선택하고 책임지는 태도, 흔들리지 않되 유연한 기준, 철학은 이 모든 것을 단단하게 만드는 언어입니다.

그렇다면 왜 '철학책'이 아니라 '철학 노트'여야 할까요? 철학자는 사유하는 사람이지만, 동시에 기록하는 사람입니다. 생각은 머릿속을 지나가면서 정리되지 않습니다. 붙잡아 두고, 메모하고, 말로 적어 보고, 반복해서 떠올릴 때 비로소 나의 것이 됩니다.

그래서 《나의 철학 노트》는 철학자들의 문장을 읽는 데서 끝나지 않습니다. 그 문장을 따라 쓰고, 그에 대한 나의 질문을 적고, 마음속 어딘가를 자극하는 생각을 문장으로 정리하면서 철학을 '앎'에서 '삶'으로 옮겨 가도록 합니다.

이 책은 총 7장으로 구성되어 있습니다. 시작은 나를 돌아보는 질문으로 시작할 겁니다. 철학은 외부의 정의나 명제를 따라가는 것이 아니라 언제나 '나'라는 존재에서 시작합니다. "나는 누구인가"라는 물음은 수천 년 전부터 이어져 온 철학의 첫 질문이며, 여전히 유효한 철학의 출발점입니다.

이후 삶의 의미, 존재의 목적, 죽음과 자유의 실존적 질문으로 이어지며 철학은 점점 더 깊은 층위로 독자를 이끕니다. 나만을 위한 사유에 머물지 않고, 타인을 바라보는 시선과 관계의 윤리로 확장하고, 결국 언어, 소통, 실천, 공동체와 정의에 이르기까지 철학은 단지 '깊은 생각'이 아닌 '더 나은 삶'이라는 실질적인 방향성을 제시합니다.

그러나 이 책의 진짜 미덕은 구성보다 방법에 있습니다. 철학자의 말을 읽고 그 위에 자신의 생각을 적어 보는 것, 단순히 받아들이는 것이 아니라 해석하고 다시 쓰는 것입니다.

철학자의 언어는 완결이 아니라 출발입니다. 문장을 필사하는 과정은 단순한 반복이 아닙니다. 손으로 옮겨 쓰는 동안 우리는 그 말의 무게를 온전히 받아들이게 됩니다. 마음을 담아 써 본 문장은 내 것이 되고, 그 문장을 따라 떠오르는 생각은 나를 향한 질문으로 전환됩니다.

이 책은 하루 10분, 단 한 문장으로 시작하는 철학을 권합니다. 거창하지 않아도 괜찮습니다. 매일 아침 또는 잠들기 전 문장 하나를 고르고, 천천히 읽고, 쓰고, 거기서 떠오른 생각을 적어 보는 것! 그 10분의 시간이 쌓이면 생각이 달라지고, 태도가 달라지며, 결국 삶이 달라집니다.

변화는 느리지만 깊고, 조용하지만 강합니다. 눈에 띄는 성취는 없을지 몰라도 마음의 무게를 가늠하고, 관계의 거리와 깊이를 조절하고, 삶의 우선순위를 다시 정렬하는 힘이 생겨납니다.

철학 노트를 쓴다는 것은 자기 삶의 주도권을 되찾는 일입니다. 타인의 시선에서 나를 끌어내리고 스스로 옳다고 믿는 가치로 삶을 설계하는 일입니다. 다시 말해 철학은 휘둘리지 않기 위한 언어이자, 흔들릴 때 돌아올 수 있는 생각의 자리입니다.

그리고 그 자리는 혼자만의 세계로 끝나지 않습니다. 철학은 결국 타인을 향해 열려 있는 언어입니다. 나의 사유는 타인의 고통을 이해하는 힘이 되고, 나의 질문은 사회를 향한 책임으로 이어집니다.

더 나은 나를 향한 철학은 더 나은 세상을 위한 실천으로 확장됩니다. 우리가 이 책의 마지막에서 공동체, 정의, 인간다운 삶을 이야기하는 이유도 그 때문입니다. 철학은 자기 성찰이면서 동시에 타자와 세계에 대한 윤리적 응답입니다.

《나의 철학 노트》는 단 한 줄의 문장으로 삶의 결을 바꿔 가는 책입니다. 철학자들의 지혜가 담긴 문장은 삶의 표면을 뚫고 들어와 마음속에 오래 머물며 새로운 질문을 남깁니다. 그 질문이 때론 불편하고 낯설지라도 피하지 않아야 합니다. 그 질문은 나를 깨우는 말이자 지금보다 더 주체적이고 명료하게 살아가기 위한 언어이기 때문입니다.

철학자는 정답을 말하지 않습니다. 그들은 질문을 남깁니다. 그리고 그 질문은 오늘을 살아가는 우리에게 다시 묻습니다. "당신은 지금, 어떤 생각으로 살고 있습니까?", "당신은 지금, 누구의 언어로 말하고 있습니까?", "당신은 지금, 정말 당신의 삶을 살고 있습니까?" 그 질문에 천천히 답을 써 내려가는 책, 그것이 바로 《나의 철학 노트》입니다.

철학 노트를 꾸준히 써 보면 어느 순간 문장이 달리 보이기 시작합니다. 처음엔 이해되지 않았던 말이 내 하루와 연결되기 시작하고, 누군가의 삶을 바라보는 시선도 조금씩 변합니다. '그럴 수도 있겠다'라며 마음에 여유가 생기고, '나는 왜 이런 선택을 했을까'라는 물음이 따라붙습니다. 철학이 거창한 이론이 아니라 나와 타인을 이해하기 위한 언어였음을 체감하게 됩니다. 그렇게 철학은 삶을 더 건디게 하고, 더 부드럽게 하며, 더 의미 있게 만듭니다.

어느 날 예전의 나였다면 피했을 질문에 조금 더 용감해진 자신을 발견하게 될지도 모릅니다. 그것은 철학자의 문장을 외운 결과가 아니라 그 문장을 나의 질문으로 바꾸며 천천히 내 안에 새긴 결과입니다.

철학은 정답을 줄 수는 없어도 정직하게 질문할 수 있도록 도와줍니다. 질문하는 사람이 된다는 것, 그것이 바로 철학 노트를 쓰는 당신에게 일어날 가장 조용하고 강한 변화입니다.

생각이 달라지면 하루가 달라집니다. 하루가 달라지면 삶은 반드시 달라집니다. 그리고 삶이 달라지면 세상이 조금 더 나아집니다. 이 책과 함께 그 첫걸음을 내딛기를 바랍니다.

정지영

차례

나를 알아야 삶이 움직인다
나를 이해하는 철학 노트

Live as if you were
to die tomorrow.
Learn as if you
          forever

2장 왜 살아야 하는지 의문이 든다면
삶의 방향을 다잡는 철학 노트

5장

제대로 말하고 깊이 듣는다는 것
말과 마음을 잇는 철학 노트

Well begun is half done

Happiness
depends
upon
ourselves

This
too
shall
pass

1장

나를 알아야 삶이 움직인다

| 나를 이해하는 철학 노트 |

나를 단단하게 만드는 반복의 힘

아리스토텔레스의 아레테

"탁월함에 이르려면 먼저 연습이 필요하다. 이는 기술을 익힐 때와 마찬가지 이치다."

《니코마코스 윤리학》

001 탁월함이란 무엇일까요? 고대 그리스어 '아레테(arete)'로 표현되는 탁월함은 단순한 기술적 숙련이나 성공을 넘어 인간이 본래의 기능과 목적을 최상으로 발휘하는 상태를 의미합니다. 이는 각자의 영역에서 최고의 가능성을 실현하는 것으로, 운동선수에게는 경기력의 정점이고, 음악가에게는 예술적 완성이며, 인간으로서는 덕과 지혜가 조화된 삶의 상태입니다.

탁월함은 선천적 재능일까요, 후천적 노력의 결과일까요? 1993년 심리학자 안드레스 에릭슨은 세계적인 음악 콩쿠르에 참가한 바이올린 전공 학생들을 '최고', '우수', '평범' 세 그룹으로 나누고 연습 시간을 조사했습니다. 결과는 분명했습니다. 최고 그룹은 평균 1만 시간 이상 연습했고, 우수 그룹은 7,800시간, 평범 그룹은 3,400시간에 그쳤습니다. 이후 이 연구는 '1만 시간의 법칙'으로 알려졌으며, 탁월함이 반복된 연습으로 만들어진다는 사실을 뒷받침했습니다.

아리스토텔레스는 탁월함의 기준을 단순한 기술이나 능력이 아닌 삶의 방식으로 확장했습니다. 그는 《니코마코스 윤리학》에서 인간의 궁극적 목적은 좋은 삶(eudaimonia)이며, 그 열쇠는 덕(virtue)

에 있다고 말했습니다. 이때 덕은 단순한 도덕 규범이 아니라 인간 고유의 가능성인 아레테를 실현하기 위해 필요한 성품과 습관을 뜻합니다.

아레테가 실현된 행복한 삶은 잘 조율된 악기의 선율처럼 조화로운 삶입니다. 인간은 자신의 여러 능력과 가능성을 그 역할에 맞게 발휘해야 진정한 만족과 성취를 경험할 수 있습니다. 아무리 좋은 악기라도 조율되지 않으면 아름다운 음악을 연주하는 것이 불가능하듯, 인격이 정돈되지 않으면 삶도 조화롭게 흘러가지 않습니다.

운동선수가 같은 동작을 반복하며 근육 기억을 형성하듯, 직장인은 매일의 루틴을 통해 전문성을 쌓고, 학생은 꾸준한 학습을 통해 지식을 축적합니다. 인격도 마찬가지입니다. 정의로운 행동을 반복해야 정의로운 사람이 되고, 절제를 실천해야 절제의 미덕이 자랍니다. 이처럼 탁월함은 단번에 이루어지는 것이 아니라 반복과 연습 속에서 길러집니다.

우리의 삶을 변화시키는 것은 화려한 한 번의 시도가 아니라 평범하지만 끈기 있는 매일의 훈련입니다. 오늘의 습관이 내일의 나를 만듭니다. 탁월함을 향한 여정에서 중요한 것은 출발점이 아니라 매일 내딛는 한 걸음입니다.

◆

아리스토텔레스(B.C. 384~B.C. 322)는 고대 그리스의 철학자로, 플라톤의 제자이자 알렉산더 대왕의 스승이었다. 논리학, 윤리학, 정치학, 자연과학 등등 서양 학문의 거의 모든 분야에 지대한 영향을 끼쳤다.

세상 어디에도 당연한 것이 없는 이유

러셀의 건전한 회의주의

"철학의 액기스를 한 번도 맛본 적이 없는 사람은 평생을 감옥에 갇혀 살아가는 것과 같다."

《철학의 문제들》

002 영화 〈트루먼 쇼〉는 거대한 리얼리티 쇼의 주인공이 된 줄도 모른 채 평생을 살아온 트루먼 버뱅크의 이야기입니다. 그는 거대한 세트장에서 태어나, 만나는 모든 이가 연기자라는 사실조차 모른 채 살아갑니다. 하지만 일상의 틈에서 작은 이상함들을 포착한 그는 마침내 자신이 가짜 세상에 갇혀 있음을 깨닫고, 진짜 세계를 향해 나아갑니다.

이 영화는 우리가 당연하게 받아들이는 상식, 사회적 통념, 개인적 확신이 얼마나 강력한 감옥이 될 수 있는지를 보여 줍니다. 트루먼은 자신이 자유롭다고 믿었지만, 그의 삶은 철저히 통제된 시스템 안에 있었습니다. 제작자는 그에게 바다에 대한 공포를 심어 섬 밖으로 나가지 못하게 했고, '이곳이 최고의 도시'라는 믿음을 심어 다른 세계를 상상조차 못 하게 만들었습니다. 그렇게 믿음은 감옥의 철창이 되었습니다.

버트런드 러셀은 인간이 세 가지 보이지 않는 벽에 갇혀 살아간다고 말합니다. 첫째는 상식이라는 이름의 고정관념, 둘째는 사회가 강요하는 시대의 신념, 셋째는 무의식적으로 받아들인 개인의 확신입니다. 이들은 너무 익숙하기에 의심조차 어렵고, 그만큼 사람을 단단히 가둡니다.

러셀은 철학이 이 감옥을 깨는 열쇠라고 말하며, 철학적 사고를 당연함의 감옥을 깨뜨리는 '팅크'에 비유합니다. 팅처는 식물의 진액을 농축한 약재로, 한 방울만으로도 강한 효과를 내듯 철학도 단 한 번의 통찰로 익숙한 믿음에 균열을 낼 수 있습니다.

예를 들어, '성공이란 빠른 승진과 높은 연봉'이라는 통념에 의문을 던지면, "정말 그것이 전부일까?", "진짜 행복은 무엇일까?" 같은 근본적인 성찰로 이어집니다. 철학은 이러한 맹목적인 믿음을 해체하고, 스스로 삶의 방향을 다시 그릴 수 있도록 도와 줍니다.

러셀은 이를 위해 모든 당연한 주장에 질문을 던지는 태도인 '건전한 회의주의'가 필요하다고 말합니다. "아침형 인간이 더 생산적이다" 같은 말이나 '요즘 필수템' 같은 광고에도 의문을 품어야 합니다. 작은 회의가 새로운 생각의 시작이 됩니다.

진정한 자유는 깨어 있는 질문에서 비롯됩니다. "나는 왜 이 가치를 따르는가?", "이 신념은 누구의 말인가?" 같은 질문은 사고의 지평을 넓혀 줍니다. 트루먼이 작은 이상함에서 진실을 의심하기 시작했듯, 하나의 의문이 익숙한 틀을 깨는 시작점이 될 수 있습니다. 오늘, 당신을 가두고 있는 벽에 조용히 질문 하나를 던져 보세요. 철학은 단 한 방울로도 세상을 바꾸는 힘이 있습니다.

◆

버트런드 러셀(1872-1970)은 20세기 영국의 철학자이자 수학자, 사회운동가였다. 그는 형이상학보다는 명료한 분석과 논증을 중시하며 분석철학의 기틀을 닦았고, 수리논리학을 통해 현대 논리학과 언어철학의 발전에 결정적인 기여를 했다.

믿음은 어디로부터 오는 걸까
아우구스티누스의 믿음과 이성

"믿기 위해 이해하려 하지 말고, 이해하기 위해 믿으라."

〈요한복음 설교문〉

003 아우구스티누스는 초기 기독교의 대표적 사상가입니다. 그는 평생 믿음과 이성의 관계를 탐구했고, 이 두 요소가 어떻게 조화를 이룰 수 있는지 설명하는 데 큰 기여를 했습니다.

믿음과 이성을 구분할 때 믿음을 종교적 신앙으로만 한정할 수는 없습니다. 믿음은 우리가 살아가며 이성과 논리로 설명하기 어려운 신뢰와 직관까지 포함하는 개념으로 이해해야 합니다. 이런 시각에서 믿음을 바라볼 때 우리는 '믿음과 이성의 조화'에 대해 더 깊이 성찰할 수 있습니다.

일상에서 많은 사람이 '이해해야 믿겠다'라는 태도를 보입니다. 하지만 정말 중요한 일들일수록 이해보다 믿음과 신뢰가 먼저 작동하는 경우가 많습니다. 예를 들어, 현대 추상화는 처음에는 이해되지 않지만 열린 마음으로 감상하면 큰 감동을 주기도 합니다.

인간관계도 마찬가지입니다. 친구가 이유를 설명하지 않아도 돕고 싶은 순간이 있습니다. 이성보다 신뢰에 기반한 행동이지요. 모든 것을 납득해야만 관계를 유지할 수 있다면 오히려 더 많은 것을 잃게 될 수도 있습니다.

아우구스티누스는 모르는 것을 이해하기 위해서는 먼저 믿음이 필요하다고 말합니다. 여기서 말하는 믿음은 맹목적 수용이 아니라 이성을 더 깊이 탐구하게 하는 출발점입니다. 과학도 "우주는 합리적이다"라는 전제를 바탕으로 출발했고, 그 믿음이 수많은 발견으로 이어졌습니다.

일상에도 이런 믿음이 자주 등장합니다. 아이가 처음 자전거를 탈 때 균형 잡는 법을 다 알지 못해도 부모의 격려를 믿고 페달을 밟습니다. 취업이나 유학을 결심할 때도 결과를 예측할 수 없지만, 스스로에 대한 믿음이 새로운 길을 열게 합니다.

삶의 전환점에서도 믿음은 중요한 역할을 합니다. 새로운 기회를 앞두고 망설이는 순간, 믿음은 첫걸음을 내딛게 하는 힘이 됩니다. 아우구스티누스가 강조한 이해를 향한 열린 믿음은 삶을 더 넓게 보고, 풍요롭게 살아가는 길로 이끌어 줍니다.

◆
아우구스티누스(354~430)는 로마 제국 말기의 기독교 신학자이자 철학자로,《고백록》과《신국론》을 통해 서양 사상에 깊은 영향을 끼쳤다. 인간의 자유의지와 원죄, 은총의 개념을 철학적으로 정립하였으며, 중세 스콜라 철학과 서방 기독교 신학의 토대를 마련한 인물이다.

자기를 아는 사람이 가장 지혜롭다
노자의 자지자명

"다른 사람을 아는 사람은 지혜로운 사람이고, 자신을 아는 사람은 밝은 사람이다. 남을 이기는 사람은 힘이 있는 사람이고, 자신을 이기는 사람은 강한 사람이다."

《도덕경》

 도가(道家) 사상의 시작을 연 노자는 중국 춘추시대 말의 위대한 사상가입니다. 그는 도(道)를 철학적으로 체계화하고, 인위적 개입을 줄이며 자연의 흐름에 따르는 '무위자연(無爲自然)'을 핵심 사상으로 제시했습니다. 또한 '상선약수(上善若水)'라는 말처럼, 물처럼 유연하고 부드러운 삶의 태도를 강조했습니다.

노자는 억지로 무언가를 이루려 하기보다 자연스러운 흐름을 중시해야 한다고 생각했습니다. 무위자연은 자연의 이치에 따르고 때에 맞게 행동하는 삶을 의미합니다. 오늘날 기준으로 보면, 성과에 집착하기보다 몸과 마음의 신호에 귀 기울이며 살아가는 자세라고 할 수 있습니다.

노자는 세 가지 삶의 태도를 제시했습니다. 첫 번째로 '지인자지(知人者智)'는 타인을 아는 지혜입니다. 단순히 관찰하는 수준을 넘어 타인의 입장에서 생각하고 공감하려는 태도입니다. 노자는 모든 존재가 도에서 비롯되었다고 보았기에, 타인을 이해하는 것은 서로 연결된 존재임을 깨닫는 일입니다. 타인의 감정을 헤아리고 배려하면 관계가 깊어지고 조화가 생깁니다.

두 번째로 '자지자명(自知者明)'은 자신을 아는 깨달음입니다. 성격, 감정, 욕망을 인식하지 못하면 외부 자극에 쉽게 흔들립니다. 반면에 자신을 정확히 아는 사람은 평정을 유지하고 삶을 주도적으로 이끌 수 있습니다. 미국의 심리학자 대니얼 골먼도《감성 지능》에서 자기 인식을 감정 조절과 인간관계의 핵심 요소로 강조하였습니다.

　세 번째로 '자승자강(自勝者强)'은 자신을 이겨 내는 강인함입니다. 노자는 남을 이기는 것보다 자신을 다스리는 것을 더 큰 힘이라고 보았습니다. 감정을 억누르기보다는 내면의 부족함을 돌아보고 도와 조화를 이루려는 태도가 중요합니다. 대나무처럼 유연하면서도 꺾이지 않는 태도, 그것이 진정한 강함입니다.

　이 세 가지 가르침은 서로 깊게 연결되어 있습니다. 타인을 이해하려는 노력은 자신을 더 깊이 아는 계기가 되고, 자기 이해는 스스로를 이겨 내는 힘으로 이어집니다. 경쟁과 비교가 일상인 시대에 노자의 지혜는 삶의 방향을 다시 생각하게 합니다. 물처럼 부드럽지만 단단하게, 억지보다는 조화를 따라 살아가는 삶, 이것이 노자가 전한 지혜로운 삶의 출발점입니다.

◆

노자(B.C. 571?~B.C. 471?)는 도가 사상의 창시자로,《도덕경》을 통해 자연의 이치에 따르는 무위(無爲)의 삶을 강조했다. 그는 인위와 욕망을 경계하며, 억지로 세상을 바꾸기보다 흐름에 맡기는 지혜를 추구했다. '말없는 가르침', '행하지 않음으로 이루는 삶' 같은 역설적 표현을 통해 인간과 자연, 권력과 자아에 대한 날카로운 통찰을 제시했다.

철학자의 문장 필사하기

"탁월함에 이르려면 먼저 연습이 필요하다. 이는 기술을 익힐 때와 마찬가지 이치다."

《니코마코스 윤리학》

"믿기 위해 이해하려 하지 말고, 이해하기 위해 믿으라."

〈요한복음 설교문〉

◆

필로소피 TO DO LIST

"남을 이기는 사람은 힘이 있는 사람이고,
자신을 이기는 사람은 강한 사람이다."

《도덕경》

자신을 이기며 살기 위한 TO DO LIST

- ☐ _____
- ☐ _____
- ☐ _____
- ☐ _____
- ☐ _____
- ☐ _____
- ☐ _____
- ☐ _____

시간은 흘러가는 게 아니라 쌓여 가는 것
아우구스티누스의 시간

"세 가지 현재가 있다. 과거의 현재, 현재의 현재, 그리고 미래의 현재가 있다."

《고백록》

005 시간이란 무엇일까요? 아우구스티누스는 시간을 인간 의식이 만들어 내는 현상으로 보았습니다. 시간은 객관적으로 존재하는 실체가 아니라 마음속 활동을 통해 경험되는 것입니다. "시간은 영혼이 펼쳐지는 것이다"라는 그의 말은 시간과 인간 내면의 연결성을 드러냅니다.

아우구스티누스는 시간의 세 차원을 기억, 직관, 기대로 나누었습니다. 과거는 기억으로, 현재는 직관으로, 미래는 기대로 느낍니다. 이 세 가지는 모두 현재의 의식 안에서 작동합니다. 어린 시절을 떠올릴 때 우리는 과거의 경험을 현재의 감정으로 다시 느낍니다. 내일 있을 중요한 발표를 생각하며 미래를 기대하고 준비하는 마음 역시 지금 이 순간에 일어나는 활동입니다. 과거를 떠올리고 미래를 상상하는 일은 모두 현재의 마음속에서 이루어집니다.

시간은 멈추지 않고 흐릅니다. 과거는 지나갔고 미래는 아직 오지 않았습니다. 현재는 찰나처럼 흘러가지만 그 흐름 속에서 삶은 의미를 얻습니다. 기억은 과거의 사건을 현재의 시선으로 다시 바라보게 하고, 기대는 지금 이 순간에 방향과 목적을 부여합니다.

현재는 가장 생생한 시간이지만 끊임없이 변화합니다. 창가를 스치는 햇살이나 흐르는 강물처럼 순간은 지나가지만 흐름은 계속됩니다. 현재는 짧고 덧없지만 삶에서 가장 충실한 시간입니다.

예술가가 캔버스에 순간을 그리듯 우리는 일기를 쓰고, 사진을 찍고, 정원을 가꾸며 시간을 담아냅니다. 이런 행위는 단순한 활동을 넘어 시간 속에서 의미를 찾는 방식입니다. 화가가 물감으로 감정을 표현하듯, 우리는 일상에서 자신만의 시간 예술을 만들어 갑니다.

계절이 바뀌고 꽃이 피고 지듯 시간도 자연의 흐름을 따라갑니다. 봄날 흩날리는 꽃잎, 가을 낙엽처럼 순간은 지나가지만, 그 안에는 찰나와 영원이 함께 담깁니다. 시간은 덧없지만, 그 흐름을 깊이 느낄 때 삶 속에서 여유와 충만함을 느낄 수 있습니다.

과거의 기억과 미래의 기대가 만나는 현재의 순간, 바로 지금 이 시간이 삶의 가장 진실한 모습입니다.

보이는 것 너머를 바라보는 힘

플라톤의 아름다움

> "마음의 눈으로 아름다움을 바라보는 이는 단순한 아름다움의 이미지가 아닌 진정한 아름다움을 이끌어 낼 수 있게 된다."
>
> 《향연》

006 아름다움이란 무엇일까요? 플라톤은 '마음의 눈으로 아름다움을 바라본다'라는 개념을 통해 감각을 넘는 정신적 통찰을 강조하였습니다. 《향연》에서 그는 인간이 진리와 선에 도달할 수 있다고 말합니다. 이때 아름다움은 감각적인 것에 머무르지 않고, 영원히 변하지 않는 이데아(idea)의 참된 아름다움을 의미합니다.

플라톤이 말한 '마음의 눈'은 감각을 초월한 직관적 통찰입니다. 우리가 일상에서 경험하는 아름다움은 이데아의 그림자일 뿐이며, 그 경험은 더 높은 진리를 향한 출발점이 되어야 합니다. 《향연》에 나오는 '사랑의 사다리'라는 인간이 아름다움을 통해 어떻게 진리를 향해 나아갈 수 있는지를 단계적으로 보여 줍니다. 육체적 아름다움에서 시작하여, 정신적 아름다움, 제도와 법, 지혜와 진리로 향하는 상승의 과정입니다.

우리는 흔히 플라톤이 감각을 부정하고 이성만 중시했다고 생각하지만, 그는 감각을 진리를 향한 첫걸음으로 보았습니다. 작은 들꽃의 아름다움도 이데아로 이끄는 단서가 될 수 있습니다. 아름다움은 외적인 조건이 아니라 덕에서 비롯되며, 인간은 아름다움을 통해 자신의 내면을 돌아보아야 합니다.

오늘날 사회는 외모, 물질, 순간의 즐거움에 집중된 아름다움을 추구합니다. 그러나 플라톤은 이러한 감각적 자극을 넘어서 정신적 만족과 내면의 성장을 추구해야 한다고 말합니다. 심리학자 리차드 라이언과 에드워드 데시의 '자기결정이론'에 따르면, 인간은 자율성, 유능감, 관계성이 충족될 때 더 깊은 행복에 도달한다고 합니다. 일시적 쾌락은 금방 사라지지만, 내면의 성장이 주는 만족감은 오래 남습니다.

또한, 유니버시티 칼리지 런던의 교수인 뇌과학자 세미르 제키는 예술과 문학이 감각을 넘어서 자아 성찰과 가치 정립을 이끄는 미적 체험을 제공한다고 설명합니다. 아름다움은 두뇌의 보상 체계를 활성화시키면서도 동시에 의미를 찾는 고차원적 사고를 자극하기 때문입니다.

플라톤의 철학은 지금도 여전히 유효합니다. 소셜 미디어의 비교 대신 자신의 내면을 돌아보고 예술과 자연을 깊이 음미해 보는 것. 외면보다 본질을 바라보는 태도, 이런 작은 실천이야말로 진정한 아름다움을 향한 첫걸음입니다.

◆

플라톤(B.C. 427?~B.C. 347?)은 고대 그리스의 철학자로, 소크라테스의 제자이자 아리스토텔레스의 스승이었다. 이데아론을 통해 감각 세계 너머에 존재하는 참된 실재를 설명했고, 철학자가 통치하는 이상 국가를 구상하며 정치철학의 기틀을 세웠다. 플라톤이 남긴 《국가》, 《변명》, 《향연》 등등 수많은 대화는 서양 철학과 교육 사상의 근간을 이뤘고, 이후 철학사에 지대한 영향을 끼쳤다.

바라보는 것만으로는 변하지 않는다

포이어바흐의 종교

> **"신이 인간을 자신의 형상대로 창조한 것이 아니라 인간이 신을 자신의 형상대로 창조했다."**
>
> 《종교의 본질에 대하여》

007 루트비히 포이어바흐는 19세기 독일의 철학자로, "신이 인간을 창조한 것이 아니라 인간이 신을 창조했다"라고 주장했습니다. 종교가 당연시되던 시대에 그는 신이란 인간의 이상적 욕망이 투영된 존재라고 보았습니다. 인간은 완전한 이성과 도덕성을 갖고 싶지만, 현실에서는 이를 이루기 어렵기에 이상을 초월적 존재로 형상화한 결과가 신이라는 것입니다.

신의 모습은 시대와 문화에 따라 달라집니다. 고대에는 감정적인 신이, 중세에는 전능한 신이 등장했습니다. 포이어바흐는 이를 "신학은 곧 인간학이다"라는 말로 요약했습니다. 우리가 상상하는 신은 결국 인간의 내면적 가치와 이상을 반영한 결과라는 뜻입니다.

이러한 사고는 오늘날에도 적용됩니다. 혼란한 사회에서는 신이 정의의 상징으로, 따뜻함이 결핍된 시대에는 자비로운 존재로 그려집니다. 또한 현대 사회에서 연예인, 기업가, 인플루언서가 새로운 '신적 존재'로 떠오르며 숭배되기도 합니다. 이는 인간의 욕망과 결핍이 외부로 투영된 형태라 볼 수 있습니다.

포이어바흐는 이를 '종교적 소외'라 불렀습니다. 인간은 이상을 창조하고도 자신과 분리된 존재로 여기며 무력감을 느낍니다. "신은 할 수 있지만 인간은 할 수 없다"라는 믿음은 자아를 제한하고 성장의 의지를 꺾게 만듭니다.

이러한 소외는 유명인을 맹목적으로 추종하는 모습에서도 나타납니다. 진정한 성장은 타인의 긍정적 특성을 내면화하는 데서 시작합니다. 단순히 동경하는 데서 그치지 않고, 그들의 끈기와 창의성을 삶에 적용할 때 자기 발전이 이뤄집니다.

심리학자 리차드 라이언과 에드워드 데시는 인간이 자율성, 유능감, 관계성을 충족할 때 더 깊은 만족을 느낀다고 말합니다. 또한, 예술과 문학이 주는 미적 체험은 단순한 자극을 넘어 성찰과 감정의 확장을 이끕니다.

포이어바흐는 신을 숭배의 대상으로만 두지 말고, 그 이상을 삶 속에서 실천해야 한다고 강조했습니다. 이상을 외부에만 두지 말고 스스로 실현할 때 우리는 자기 소외를 극복하고 더 깊은 삶의 의미를 발견할 수 있습니다.

◆

루트비히 포이어바흐(1804~1872)는 사람들이 신을 믿는 이유는 사실 자신이 바라는 모습과 감정을 밖으로 투사한 결과라고 보았다. 포이어바흐는 종교보다 인간 그 자체를 이해하는 것이 더 중요하다고 생각했고, 이런 생각은 마르크스 같은 후대 사상가들에게 큰 영향을 주었다.

내 삶의 의미는 어디에서 시작되는가
울프의 적절한 성취

"우리가 진심으로 끌리는 것이 참된 가치와 만날 때, 그리고 그것을 위해 행동할 수 있을 때 비로소 삶은 의미를 가진다."

《삶이란 무엇인가》

008 무엇이 인간의 삶을 의미 있게 만드는 걸까요? 수전 울프는 미국의 도덕 철학자로, 삶의 의미를 단순한 행복이나 도덕적 행동에서 찾기보다는 스스로 가치 있다고 느끼는 일에 헌신하고 참여할 때 비로소 삶이 충만해진다고 말합니다. 그렇다면 울프가 말하는 삶이 충만해지는 조건은 무엇일까요?

사람은 매일 다양한 선택을 합니다. 즐거움을 좇기도 하고, 책임감에 따라 행동하기도 합니다. 그러나 울프는 이 두 기준만으로는 삶의 의미를 충분히 설명할 수 없다고 지적합니다. 즐거움은 순간적이고 얕으며, 의무만으로는 몰입이나 깊은 만족을 느끼기 어렵기 때문입니다. 행복만 좇으면 공허해지고, 의무만 따르면 지치기 쉽습니다.

울프는 이러한 한계를 극복하기 위해 '적절한 성취(Fitting Fulfill-ment)'라는 개념을 제시합니다. 이는 개인의 열정이 객관적으로 의미 있는 일과 만날 때 이루어지는 상태를 말합니다.

교사가 학생을 가르치며 교육의 즐거움과 보람을 함께 느낄 때, 그 일은 단순한 직업을 넘어 삶의 의미가 됩니다. 환자를 돌보는 의료인, 지역사회를 위해 봉사하는 시민, 자연을 보존하는 환경운동가 등은 모두 개인의 관심사와 사회적 가치를 연결하는 삶을 살고 있습니다.

울프의 주장은 심리학과 뇌과학에서도 뒷받침합니다. 일시적인 즐거움은 도파민을 유발하지만, 타인과 의미를 나눌 때는 옥시토신이 함께 분비되어 더 깊고 오래가는 만족을 줍니다. 하버드대학교의 행복 연구 또한 오랜 기간 행복감을 유지한 사람들의 공통점으로 의미 있는 관계와 목적 있는 활동을 들고 있습니다.

사람은 때때로 "이 모든 것이 무슨 의미가 있을까?"라는 질문을 합니다. 울프는 그 질문에 "가슴 뛰는 일을 가치 있게 실현하는 것"이 진정한 의미라고 말합니다. 이는 현대인들에게 자아 실현과 공동체적 삶을 추구하는 방향과 깊은 통찰을 제공합니다.

◆

수전 울프(1952~)는 도덕과 삶의 의미에 대한 논의를 이끈 대표적 사상가다. 그는 도덕적으로 선한 삶만으로는 충분하지 않으며, 개인이 주체적으로 의미를 느낄 수 있는 활동과 연결될 때 비로소 삶은 온전해진다고 보았다. 대표 저서 《LIFE 삶이란 무엇인가》에서 의미 있는 삶이란 주관적 만족과 객관적 가치가 만나는 지점에 있다고 설명했다.

약한 나를 받아들이는 용기

누스바움의 연약한 선

"불확실함을 받아들이고 자신을 있는 그대로 내보이는 용기, 그것이 바로 윤리적 삶의 바탕이 된다."

《연약한 선》

009 인간은 보기보다 훨씬 약한 존재입니다. 겉으로는 강해 보여도 작은 시련에도 쉽게 흔들립니다. 철학자 마사 누스바움은 《연약한 선》에서 이러한 연약함을 윤리적 탐구의 출발점으로 삼습니다.

누스바움은 덕이나 행복, 사랑 같은 윤리적 가치가 개인의 의지만으로 유지되기 어렵다고 말합니다. 인간은 언제든 예기치 못한 고통과 슬픔을 마주할 수 있으며, 도덕적 신념조차 외부 상황에 따라 흔들릴 수 있습니다. 그는 윤리란 신념을 완고하게 고수하는 것이 아니라 자신의 불확실성과 취약성을 인정하고 감내하는 태도라고 설명합니다.

윤리적 삶은 굳건한 원칙을 지키는 것보다 유연하게 성장하는 과정에 가깝습니다. 누스바움은 덕을 두고, 한 번 완성되면 영원히 빛나는 보석이 아닌 매일 돌봐야 하는 연약한 식물에 비유합니다. 이는 취약성을 숨기기보다 그 속에서 가치와 용기를 발견하라는 메시지이기도 합니다.

누스바움은 인간을 이성만으로 움직이는 존재가 아니라 감정에 깊이 영향을 받는 존재로 봅니다. 따라서 윤리적 삶에는 두 가지 용기가 필요합니다. 하나는 자신의 약함을 솔직히 드러내는 용기, 다른 하나는 그로 인해 비난이나 거절을 감수하는 용기입니다. 이런 용기는 역설적으로 인간의 가장 큰 강점이 됩니다.

휴스턴 대학교 교수이자 심리학자인 브레네 브라운도 비슷한 주장을 펼칩니다. 그는 취약함을 감추려 할수록 수치심과 두려움이 커지며, 오히려 이를 인정할 때 진정한 관계와 공감이 가능하다고 말합니다. 자신의 연약함을 받아들이는 사람일수록 회복탄력성이 높고, 더 깊은 인간관계를 형성할 수 있다는 연구 결과도 이를 뒷받침합니다.

누스바움이 말하는 '연약한 선'은 흔들릴 수밖에 없는 인간의 조건을 인정하면서도 끝까지 포기하지 않고 지켜야 할 윤리적 중심을 뜻합니다. 인간은 약하지만 그 연약함 덕분에 더 따뜻하고 깊은 삶을 살아갈 수 있습니다. 완벽함을 추구하기보다는 연약함을 있는 그대로 받아들이고, 그 속에서 의미와 아름다움을 발견하는 삶이 더 진실하고 풍요롭습니다.

사회적 차원에서도 이러한 취약성의 인정은 공감을 낳고 공동체의 연대를 가능하게 합니다. 누스바움은 인간다움이란 완벽함이 아니라 취약함 속에서 서로를 돌보고 연결되는 과정에 있다고 강조합니다. 우리는 약하지만, 바로 그 연약함 덕분에 더 따뜻하고깊은 삶을 살아갈 수 있습니다.

◆
마사 누스바움(1947~)은 미국의 정치철학자이자 윤리학자로, 인간의 존엄과 정의로운 사회의 조건을 깊이 탐구해 왔다.

필로소피 다이어리

공감 가는 철학자의 말을 쓰고, 어떤 느낌과 생각이 드는지 정리해 보세요.

◆

필로소피 TO DO LIST

"불확실함을 받아들이고 자신을 있는 그대로 내보이는 용기,
그것이 바로 윤리적 삶의 바탕이 된다."

《연약한 선》

나를 포장하지 않고 살기 위한 TO DO LIST

☐ _____

☐ _____

☐ _____

☐ _____

☐ _____

☐ _____

☐ _____

☐ _____

지금 내 기준은 누구의 것인가
들뢰즈의 평가

> "평가란 본질적으로 (…) 판단하고 평가하는 이들의 존재 방식이자, 실존의 양태이다."
>
> 《니체와 철학》

010 우리는 매일 수많은 평가를 하며 살아갑니다. 커피 맛을 느끼거나 친구의 말을 되새기는 일상 속에서도 평가가 작동합니다. 철학자 들뢰즈는 이러한 평가가 단순한 판단을 넘어서, 우리가 어떻게 살아가고 있는지를 보여 주는 방식이라고 말합니다.

20세기 프랑스의 주요 철학자 중 한 명인 질 들뢰즈는 니체의 영향을 받아 '가치의 재평가'를 철학의 중심 주제로 삼았습니다. 그는 평가를 좋고 나쁨을 가르는 잣대가 아니라 새로운 가치를 창조하는 활동으로 보았습니다.

우리는 흔히 평가란 이미 정해진 기준을 적용하는 것이라고 생각합니다. 하지만 들뢰즈는 평가를, 사람이 살아가며 마주치는 일들에 대한 창의적 반응이라고 보았습니다. 인간은 자신이 속한 환경 속에서 의미를 직접 만들어가는 존재이며, 평가는 그 의미를 구성하는 적극적인 행동이라는 것입니다.

들뢰즈에게 평가는 단순히 외부 세계를 판단하는 행위가 아닙니다. 그것은 세계와 관계 맺는 방식, 다시 말해 존재 방식 자체입니다. 무엇을 중요하게 여기고, 무엇에 관심을 두며, 어떤 차이를 의미 있게 받아들이는가는 단순한 취향의 문제가 아니라 삶의 방향성을 결정하는 핵심입니다. 사람은 무엇에 가치를 두느냐에 따라 삶의 방향이 달라지며, 이 선택은 곧 새로운 삶의 형식과 가능성을 여는 출발점이 됩니다.

예를 들어, 돈을 삶의 가장 중요한 가치로 여기는 사람은 모든 선택과 행동을 그 기준에 따라 결정합니다. 반면에 자유나 창의성을 우선하는 사람은 전혀 다른 삶을 살아갑니다. 같은 상황, 같은 대상이라도 각자의 평가 기준에 따라 전혀 다른 의미를 갖게 되는 것입니다. 들뢰즈는 이렇게 묻습니다. "지금 내 평가 기준은 누구의 것인가?"

우리가 평가하는 방식은 곧 우리가 세계와 관계 맺는 방식이며, 이는 우리가 어떤 사람인지를 드러냅니다. 들뢰즈의 철학은 우리에게 평가의 주체가 되어 자신만의 가치 체계를 창조하라고 권합니다. 그것이 바로 진정한 의미에서 자유로운 삶, 창조적인 삶의 시작점입니다.

◆
질 들뢰즈(1925~1995)는 고정된 정체성과 이분법적 사유를 해체하고 차이와 생성의 철학을 전개했다. 그는 《차이와 반복》, 《천 개의 고원》 등을 통해 전통 형이상학을 비판하고, 유목적 사유와 탈영토화 같은 개념으로 사유의 자유로운 흐름을 강조했다.

삶은 배울 수 있는 것이 아니다
데리다의 진정한 배움

> "진정한 삶의 방법은 자신의 삶으로부터는 배울 수 없다. 타인으로부터, 그리고 죽음을 마주하면서만 깨달을 수 있다."
>
> 《마르크스의 유령들》

011 "인생은 배움의 연속이다"라는 말은 익숙합니다. 사람은 경험을 통해 성장하고 실패를 통해 교훈을 얻는다고 믿습니다. 그러나 이 생각에 의문을 제기한 철학자 자크 데리다는 "삶은 스스로 아무것도 가르쳐 주지 않는다"라고 말합니다. 그렇다면 우리는 어디에서 진정한 배움을 얻을 수 있을까요?

데리다는 20세기 후반 프랑스를 대표하는 철학자입니다. 그는 진정한 배움은 낯선 타자와의 만남, 죽음처럼 이해할 수 없는 경계의 체험 속에서 이루어진다고 강조합니다. 그에게 배움은 단순히 지식을 쌓는 과정이 아닌, 자신의 존재가 흔들리고 변화하는 경험입니다. 낯선 문화를 마주하거나 타인의 고통을 이해하려 애쓸 때 사람은 익숙한 사고의 틀을 벗어나 전혀 다른 관점을 갖게 됩니다.

데리다는 이러한 배움이 가능하려면 타인을 마주하는 우리의 태도가 근본적으로 달라져야 한다고 말합니다. 그는 '환대(hospitality)'라는 개념을 통해 그 조건을 설명합니다.

우리는 흔히 타인을 자신의 기준으로 판단합니다. 그러나 데리다는 타인의 낯섦을, 그 차이 속에서 배움을 찾으라고 말합니다. 나와 다른 신념과 관점을 가진 이들과의 만남이야말로 진정한 배움의 순간입니다.

삶을 깊이 이해하는 과정은 타인과의 관계 속에서 이루어집니다. 친구와의 대화, 가족과의 갈등, 낯선 이와의 우연한 만남은 모두 나를 다시 바라보게 만듭니다. 데리다는 이처럼 우리가 불편함을 회피하지 않고, 그 안에서 자신을 확장하려는 순간에 진짜 배움이 시작된다고 말합니다.

진정한 배움은 아는 것을 늘리는 데 있지 않습니다. 낯선 것과 마주하고, 그 앞에서 흔들리며, 결국 더 넓은 존재로 나아가는 그 경험 속에 진짜 배움이 있습니다.

◆
자크 데리다(1930~2004)는 구조주의 이후의 사조인 탈구조주의의 핵심 인물이다. 그는 '해체(deconstruction)'라는 개념을 통해 서구 철학이 전제해온 중심주의, 이분법, 본질주의를 비판하고, 언어와 의미의 불확정성을 강조했다.

기쁨이 삶의 방향이 될 때
스피노자의 기쁨의 윤리학

"음악은 우울한 사람에게는 좋고, 슬퍼하는 사람에게는 나쁘다. 귀머거리에게는 좋지도 나쁘지도 않다."

《에티카》

012 음악은 기쁨을 더해 주기도 하고 슬픔을 위로하기도 합니다. 그러나 같은 음악도 듣는 사람의 감정 상태에 따라 전혀 다르게 다가오지요. 어떤 음악을 듣고 누군가는 희망을 느끼고, 또 다른 이는 더 깊은 슬픔에 빠질 수 있습니다. 17세기 네덜란드 철학자 바뤼흐 스피노자는 이 차이를 감정과 상황의 차이로 설명합니다.

스피노자는 《에티카》에서 감정이 어떻게 작동하며 인간의 삶에 어떤 영향을 미치는지를 논리적이고 체계적으로 설명했습니다. 그는 모든 감정이 기쁨과 슬픔이라는 두 가지 기본 감정에서 비롯된다고 보았습니다. 감정은 삶의 에너지의 흐름과 밀접하게 연결되어 있으며 삶의 에너지가 증가하면 기쁨을, 감소하면 슬픔을 느낀다고 보았습니다.

스피노자는 선과 악도 이 맥락에서 정의합니다. 그에 따르면 삶의 에너지를 높이는 것이 선이고 약화시키는 것이 악입니다. 그러나 삶의 조건이 사람마다 다르기에 같은 경험도 어떤 이에게는 선이 되고 다른 이에게는 악이 될 수 있습니다. 누군가에게 기쁨을 주는 것이 다른 사람에게는 고통이 될 수 있는 것이지요. 따라서

도덕적 판단도 개인의 삶과 감정에 따라 달라질 수밖에 없습니다.

절대적 도덕 기준을 강요하는 것은 모든 이에게 같은 방식으로 음악을 감상하라고 강요하는 것과 같습니다. 스피노자는 획일적 도덕관의 위험성을 경고하며, 자신의 본성과 감정을 기준으로 삼을 것을 권유합니다.

스피노자는 "무엇보다 당신만의 기쁨을 찾으세요. 그 기쁨이 바로 당신에게 선입니다. 그 기쁨은 삶을 더 강하고, 더 풍요롭고, 더 행복하게 만들어 줍니다"라고 말합니다. 그의 철학이 '기쁨의 윤리학'이라고 불리는 이유이지요.

기쁨의 윤리학은 단순히 쾌락을 추구하는 삶과는 거리가 멉니다. 이는 스스로가 어떤 사람인지를 깊이 이해하고 삶을 풍요롭게 하며 성장으로 이끄는 경험을 의식적으로 선택하는 태도라고 할 수 있죠. 순간적인 쾌락과는 달리, 비록 잠시 불편할지라도 삶을 더 풍요롭게 하고 진정한 활력을 주는 경험들이 우리 삶에서 찾을 수 있는 진정한 기쁨이라 할 수 있습니다.

오늘 하루, 당신에게 기쁨을 가져다주는 일을 찾아보세요.. 우울함은 멀리하고, 마음을 밝게 해주는 활동에 집중해 보는 건 어떨까요? 스스로를 약하게 만드는 감정이 아니라 더욱 활기차게 만드는 감정을 좇는 것. 그것이 스피노자가 말한 진정한 선의 길입니다.

◆

바뤼흐 스피노자(1632~1677)는 신과 자연, 인간과 세계를 일원론적으로 설명한 독창적 사유로 서양 철학사에 깊은 흔적을 남겼다. 그는 《에티카》에서 신은 초월적 존재가 아니라 곧 자연이며, 모든 것은 하나의 실체에서 비롯된다고 보았다.

일단 나부터 사랑하라

스미스의 자기애

> "기독교의 위대한 법칙이 '이웃을 내 몸처럼 사랑하라'라는 것이라면, 자연의 위대한 가르침은 '우리가 우리 자신을 사랑하는 만큼만 이웃을 사랑하라'라는 것이다."
>
> 《도덕감정론》

013 "이웃을 사랑하라." 이 말은 익숙하지만, 때로는 부담스럽게 다가옵니다. 애덤 스미스는 "자신을 사랑하는 만큼만 이웃을 사랑하는 것이 자연스럽다"라고 말하며, 자기애와 이웃 사랑 사이의 균형을 강조합니다.

《도덕감정론》에서 스미스는 인간이 본능적으로 자신을 돌보면서도 타인의 고통에 공감하는 능력을 지닌 존재라고 보았습니다. 하지만 공감은 무한하지 않으며, 자신의 모든 것을 타인을 위해 바치는 것은 현실적으로 어렵습니다. 스미스는 이웃 사랑이 무조건적인 헌신이 아니라 자기애를 바탕으로 자연스럽게 확장되는 감정이라고 설명합니다.

인간은 본능적으로 가까운 이들에게 깊은 애정을 느낍니다. 때문에 일상에서 우리는 가족이나 친구를 돌보다 정작 자신을 돌보지 못해 지치는 경우를 자주 봅니다. 스미스는 이러한 상황에서 "먼저 자신을 돌보라"라고 조언합니다. 자기애가 튼튼해야 타인을 돌볼 여력도 생긴다는 것이지요.

스미스는 도덕이 인간의 본성에 기반할 때 지속할 수 있다 보았고, '공정한 관찰자(impartial spectator)'라는 개념을 통해 자기애와 공감의 균형을 설명했습니다. 공정한 관찰자는 감정에 휩쓸리지 않고 한 걸음 떨어져 자신을 바라보는 내면의 시선입니다. 이는 현대 심리학의 자기 성찰, 자기 연민(self-compassion) 개념과도 닿아 있습니다.

예를 들어, "내가 부족해서 일이 잘못된 거야"라는 자책보다는 "누구나 어려운 시기를 겪을 수 있어"라고 바라보는 태도입니다. 이는 자기 비난이 아닌 자기 이해를 통해 감정의 균형을 되찾는 과정이며, 스미스가 말한 건강한 자기애의 실천입니다.

현대의 심리학자 크리스틴 네프 역시 자기 연민이 깊은 공감 능력의 기반이 된다고 말합니다. 자신에게 너그러울 줄 아는 사람이 타인에게도 진심으로 다가갈 수 있습니다. 스스로를 너그럽게 바라보는 능력이 곧 타인의 감정을 이해하는 힘으로 이어지는 것입니다.

결국 스미스가 말하는 이웃 사랑은 무조건적인 희생이 아니라 건강한 자기애를 기반으로 확장되는 도덕 감정입니다. 우리는 자신을 존중하고 이해하는 만큼, 타인에게도 따뜻함과 공감을 전할 수 있습니다. 자기애와 이웃 사랑의 조화는 인간다운 삶의 근간이 됩니다.

◆
애덤 스미스(1723~1790)는 스코틀랜드 계몽주의 시대를 대표하는 경제학자이자 도덕 철학자로, 자유주의 경제뿐 아니라 윤리와 정치철학에도 깊은 영향을 미쳤다. 《도덕감 정론》에서는 공감(sympathy)을 인간 행동의 핵심 원리로 보고 개인의 도덕 판단과 사 회적 조화를 철학적으로 탐구했다.

◆

철학자의 문장 필사하기

"진정한 삶의 방법은 자신의 삶으로부터는 배울 수 없다. 타인으로부터, 그리고 죽음을 마주하면서만 깨달을 수 있다."

《마르크스의 유령들》

"기독교의 위대한 법칙이 '이웃을 내 몸처럼 사랑하라'라는 것이라면, 자연의 위대한 가르침은 '우리가 우리 자신을 사랑하는 만큼만 이웃을 사랑하라'라는 것이다."

《도덕감정론》

필로소피 다이어리

공감 가는 철학자의 말을 쓰고, 어떤 느낌과 생각이 드는지 정리해 보세요.

일이 재미있어지는 법
마르쿠제의 노동

> "자유로운 놀이로써의 노동은 관리될 수 없다. 오직 소외된 노동만이 합리적인 규율 속에서 조직되고 관리될 수 있다."
>
> 《에로스와 문명》

014 우리는 매일 아침 알람 소리에 눈을 뜨고 일터로 향하는 일상을 살고 있습니다. 노동은 우리 삶에서 빠질 수 없는 요소가 되었습니다. 그런데 가끔 '왜 일은 이렇게 힘들고 기계적일까? 꼭 이래야만 하는 걸까?'라는 의문이 들진 않나요?

헤르베르트 마르쿠제는 《에로스와 문명》에서 이 질문의 답변을 찾을 실마리를 제시합니다. 그는 오늘날의 노동이 단순한 생산 수단으로 전락하면서 본래 노동이 지닌 즐거움과 자유를 상실했다고 지적합니다. 노동이란 본디 창조적이고 자기 표현의 수단이어야 하지만, 현대 사회 에서는 생계를 위한 의무로만 여겨지고 있다는 것입니다.

마르쿠제는 이런 조건 속에서 노동이 인간의 소외를 낳는다고 설명합니다. 노동자가 자신의 일과 그 결과물로부터 멀어지고, 단지 생계를 위한 수단으로만 일을 바라보게 될 때 소외가 발생합니다. 원래 노동은 창조적이고 자아를 실현하는 과정이어야 하지만, 그것이 단순한 반복 작업으로 변하면 우리는 기계 부품처럼 기능하게 된다는 것입니다.

이러한 환경에서는 효율성과 생산성이 가장 중요한 가치가 됩니다. 모든 과정이 세분화되고 철저히 감시되는 상황에서 노동자는 자신이 왜 이 일을 하는지 고민할 여유조차 없이 하루를 보냅니다.

반면, 마르쿠제가 제시하는 '놀이로써의 노동'은 전혀 다른 모습입니다. 놀이는 자발적인 몰입에서 시작되며 즐거움과 흥미가 동력이 됩니다. 노동이 놀이가 될 때 사람은 자신의 창의성과 상상력을 자유롭게 펼칠 수 있습니다.

화가가 캔버스 앞에서 그림을 그리는 장면을 떠올려 보세요. 그들에게 그림을 그리는 일은 노동이지만 동시에 놀이이기도 합니다. 자신의 내면을 자유롭게 표현하는 창조 행위이기 때문입니다. 이런 노동은 외부의 강제가 아니라 내면의 동기에서 비롯됩니다.

마르쿠제는 진정한 자유와 창의적인 노동이 가능하려면 노동이 단순한 돈벌이 수단에 머물러서는 안 된다고 강조합니다. 강요된 노동은 행군과 같지만, 놀이로써의 노동은 춤과 같습니다. 행군은 정해진 목표를 향해 기계적으로 나아가는 과정이지만, 춤은 움직임 자체가 목적이 되어 자유롭게 표현할 수 있습니다. 지금 당신의 노동은 행군인가요, 아니면 춤인가요?

◆

헤르베르트 마르쿠제(1898~1979)는 독일 출신의 철학자이자 프랑크푸르트 학파의 핵심 인물로, 비판이론을 통해 현대 자본주의 사회를 날카롭게 분석했다.

더 나은 삶을 위한 필로소피 만다라트

마음에 남은 철학자의 문장을 중심에 두고, 각 칸에 떠오른 생각이나 바꾸고 싶은 태도를 적어 보세요.

	철학자의 문장	

2장

왜 살아야 하는지 의문이 든다면

| 삶의 방향을 다잡는 철학 노트 |

마음이 지쳤을 땐 자연을 바라보라

에머슨의 자연

> "어른은 눈으로만 햇살을 보지만, 아이는 눈으로 보고 가슴으로 느낀다. 자연을
> 진정으로 사랑하는 이는 내면과 외면의 감각이 서로 어우러진 사람, 어른이 되어
> 서도 여전히 그 마음속에 어린아이의 순수한 영혼을 간직한 사람을 말한다."
>
> 《자연》

015 어린 시절을 떠올려 보세요. 들판을 스치던 바람, 나뭇
잎 사이로 스며들던 햇살, 시냇물에 발을 담갔을 때 간
질이던 흙의 감촉, 아이에게 자연은 놀라움과 감탄의 연속이었습
니다. 하지만 어른이 된 우리는 자연을 그저 스쳐 지나가는 배경처
럼 대하고, 그 안에서 느끼던 감정을 잊은 채 살아갑니다.

랄프 왈도 에머슨은 자연을 단순한 풍경이 아니라 인간의 내면
과 연결된 영감의 원천으로 보았습니다. 그는 아이처럼 자연을 바
라보는 눈을 회복해야 자연과 다시 조화를 이룰 수 있다고 설명합
니다. 아이는 작은 잎사귀 하나에서도 경이로움을 발견하지만, 어
른은 자연을 분석하고 이용하는 데 몰두하며 교감을 잃어버렸기
때문입니다.

아이들은 작은 달팽이나 이슬방울에도 감탄하지만, 어른은 숲길
을 걸으며 회의 일정을 떠올리고, 바다를 보며 현실의 걱정을 떠올
립니다. 자연은 분석의 대상이 되었고, 그 과정에서 교감을 잃어버
렸습니다.

도시화와 기술의 발달은 자연을 '쓸모'의 관점에서만 바라보게
만들었고, 이는 우리의 감성을 메마르게 했습니다. 자연과 멀어질

수록 우리는 외로움과 공허함에 빠지고, 이를 소비와 중독으로 메우려 합니다. 나아가 창의성마저 점점 사라지고, 삶은 기계적으로 반복되기 쉽습니다.

그러나 자연은 여전히 곁에 있습니다. 도심의 나무 한 그루, 베란다의 화분, 창문을 통해 들어오는 햇살 속에서도 우리는 자연을 만날 수 있습니다. 중요한 것은 발걸음을 잠시 멈추고, 마음을 고요히 하여 자연에 주의를 기울이는 태도입니다.

에머슨에게 자연과의 교감은 단순한 휴식이 아니라 내면의 성찰과 영적 성장을 위한 길입니다. 자연은 위안을 주는 동시에 더 큰 질서와 지혜를 가르칩니다. 숲속의 고요함은 내면을 들여다보게 하고, 별이 가득한 하늘은 삶의 본질을 묻는 계기가 됩니다.

어린아이처럼 호기심 가득한 눈으로 자연을 바라볼 때 삶은 더 깊고 풍요로워집니다. 에머슨의 말처럼 자연은 스승이자 친구이며, 인간 본연의 모습을 비추는 거울입니다. 지금, 내면의 어린아이를 깨워 자연과 다시 연결되어 보시기 바랍니다.

◆

랄프 왈도 애머슨(1803~1882)은 미국의 사상가이자 수필가, 시인이며, 미국 초월주의를 대표하는 인물이다. 그는 인간 내면의 직관과 자율성을 강조하며, 자연과의 조화를 통해 참된 자아에 도달할 수 있다고 보았다.

달콤하다고 다 좋은 건 아니다
무어의 자연주의적 오류

"너무나 많은 철학자들이 같은 실수를 반복했다. 그저 몇 가지 속성을 열거하는 것만으로도 '선(善)'이란 무엇인지 정의내릴 수 있다고 착각한 것이다."

《윤리학 원리》

016 우리는 일상에서 '좋다'라는 말을 자주 사용합니다. 맛있는 음식을 먹을 때, 아름다운 경치를 볼 때, 우리는 무심코 "좋다"라고 말합니다. 하지만 이 말이 정확히 무엇을 의미하는지 고민해 본 적이 있을까요? 좋음이라는 개념은 사람과 상황에 따라 다르게 느껴질 수 있음에도 우리는 이를 마치 명확히 정의된 것처럼 사용하곤 합니다.

철학자 조지 에드워드 무어는 이러한 오류를 '자연주의적 오류'라고 지적했습니다. 이는 좋음을 즐거움이나 행복처럼 경험 가능한 속성과 동일시하려는 잘못된 시도를 말합니다. "좋은 것은 사람들에게 가장 큰 즐거움을 주는 것"이라는 정의는 왜 즐거움이 좋은 것인지 근거를 제시하지 못합니다. 무어는 좋음이란 단순한 감각적 경험이 아니라 다른 개념으로 환원될 수 없는 독립적인 가치라고 보았습니다.

자연주의적 오류는 철학의 영역을 넘어 현실 사회에도 영향을 미쳤습니다. 사회적 다윈주의는 자연의 법칙인 적자생존을 인간 사회에 적용하면서 약자를 차별하는 논리를 정당화했습니다. 현대 사회에서는 기업이 생산성과 효율성을 좋음의 기준으로 삼아 노동자를 착취하거나, 마른 몸매를 이상적인 외모로 규정해 외모 지상주의를 부추기는 일도 벌어지고 있습니다.

무어는 이에 "어떤 것이 정말 좋은 이유는 무엇인가?"라는 근본적인 물음을 던졌습니다. 그는 좋음을 색깔에 비유했습니다. 우리는 빨간색을 파장의 수치로 설명할 수 있지만 실제로 빨간색이 어떤 느낌인지는 직접 보아야만 알 수 있듯이, 좋음 역시 다른 개념으로 정의할 수 없는, 직관적으로 느껴야만 인식 가능한 가치라는 것입니다. 무어는 이러한 윤리적 직관을 통해 인간이 무엇이 좋은지를 느낄 수 있다고 주장했습니다. 이는 논리적 분석이나 과학적 설명보다는 삶 속에서의 경험과 감각을 통해 깨닫는 것입니다.

결과적으로 무어의 철학은 좋음을 단순히 유용하거나 쾌락적인 것에 국한시키지 않고 그 자체로 본질적이고 독립적인 가치로 받아들여야 한다는 메시지를 전합니다. 이는 우리가 "진정으로 좋은 것이란 무엇인가?"라는 물음을 놓치지 않고, 보다 깊고 책임 있는 윤리적 판단을 시도하도록 이끕니다.

◆
조지 에드워드 무어(1873~1958)는 영국 분석철학의 기초를 세운 철학자로, 윤리학과 인식론에서 명료한 언어와 직관적 명제를 중시했다. 무어의 철학은 명료한 분석과 일상의 직관을 통해 철학이 나아갈 방향을 제시했으며, 러셀과 함께 초기 분석철학의 흐름을 이끌었다.

내 안의 그림자를 외면하지 않기

융의 그림자 자아

"자신의 깊은 내면으로 향하는 이라면 누구나 이 답답한 협로를 지나야만 한다. 하지만 결국 자신이 누구인지 알아가려면, 이 고통스러운 자기 직면의 과정을 거쳐야만 한다."

《원형과 집단무의식》

017 아침에 거울을 보며 준비할 때 당신은 무엇을 보나요? 눈에 보이는 얼굴과 몸, 그리고 표정. 하지만 거울에 비치지 않는 것이 있습니다. 그것은 당신이 인정하기 싫은 감정들, 드러내고 싶지 않은 생각들, 애써 외면해 온 어두운 그림자 같은 욕망들입니다.

스위스의 심리학자 칼 융은 우리에게 "당신이 아직 만나지 못한 자신의 그림자를 어떻게 사랑할 수 있을까요?"라고 묻습니다. 융이 말하는 그림자는 우리가 외면하고 억누른 내면의 어두운 감정들입니다. 분노, 질투, 열등감, 두려움 등등 우리는 이런 감정을 숨기고 부인하지만, 융은 그림자를 직면하지 않으면 진정한 성장은 불가능하다고 설명합니다.

어릴 때부터 우리는 착한 아이가 되기 위해, 또는 사회에 잘 적응하기 위해 특정 감정과 욕구를 억누르도록 배웁니다. "화내면 안 돼", "질투는 나쁜 감정이야" 같은 메시지를 반복적으로 듣다 보면 우리는 이 감정들을 의식의 구석으로 밀어 넣게 됩니다. 그러나 이들은 사라지지 않고 무의식 속에서 그림자 형태로 남아 삶에 영향을 미칩니다.

이 그림자는 종종 타인을 향한 과도한 감정 반응으로 나타납니다. 예를 들어, 늘 성실하게 일하는 사람이 동료의 사소한 무책임에 과도하게 화를 낸다면, 이는 자신 안의 게으르고 싶은 욕구를 억누른 결과일 수 있습니다. 융은 이렇게 억눌린 욕망이 타인에게 '투사(projection)'되어, 유사한 행동에 민감하게 반응하게 된다고 설명합니다.

그러나 그림자가 단순히 부정적인 면만을 지니고 있는 것은 아닙니다. 융은 그 속에 억눌린 에너지와 가능성이 함께 잠들어 있다고 보았습니다. 항상 타인을 위해 살아온 사람의 그림자에는 자신을 위한 건강한 욕구가, 이성적으로만 행동해 온 사람의 그림자에는 억눌린 감성과 창의성이 담겨 있을 수 있습니다.

융은 이러한 그림자와 마주하고 통합할 때 더 온전하고 균형 잡힌 인간으로 성장할 수 있다고 믿었습니다. 그는 이 과정을 '개성화(individuation)'라고 불렀습니다. 이는 자신의 모든 측면을 인정하고 받아들이는 평생의 여정입니다. 진정한 성장은 그림자를 부정하는 것이 아니라 그것과 조화를 이루며 살아가는 데서 시작됩니다. 우리가 가진 모든 면, 즉 빛과 그림자, 선과 악, 사랑과 분노를 포용할 때 우리는 비로소 온전한 존재에 가까워집니다.

◆

구스타프 칼 융(1875~1961)은 정신과 의사이자 분석심리학의 창시자로, 인간 정신의 무의식 구조에 대한 깊이 있는 이론을 제시했다. 그는 프로이트의 성 중심적 이론을 넘어서 집단 무의식과 원형(archetype) 개념을 도입하며, 인간 내면에 보편적인 심리적 구조가 존재한다고 보았다.

혼란한 삶을 견디게 해 주는 힘

엘리아데의 신화

"온 우주가 이토록 조화롭고 완전하며 스스로와 조화를 이루는데, 오직 인간의 삶만이 우연에 휘둘리며 오직 인간의 운명만이 의미 없이 존재한다고 생각하면 정말 두렵기만 하다."

《루마니아 지혜의 작은 책》

018 문득 밤하늘을 올려다본 적 있나요? 수많은 별이 우주의 질서에 따라 정확히 움직이는 모습을 보면, 정교한 태엽시계를 연상케 하는 조화로움에 감탄하게 됩니다. 그러나 인간의 삶은 어떨까요? 주식 시장은 예측 불가능하게 요동치고, 갑작스러운 병이 찾아오며, 사랑하는 사람은 이유 없이 떠납니다. 아무리 철저히 계획해도 예기치 못한 사건들이 삶을 뒤흔들고, 그런 순간마다 우리는 깊은 불안과 고통 속에 빠지곤 합니다. 왜 우주는 이토록 질서정연한데 인간의 삶은 그토록 혼란스러울까요?

미르치아 엘리아데는 이 대비되는 두 세계, 즉 우주의 질서와 인간 삶의 혼돈 사이의 관계를 탐구했습니다. 그는 인간이 신화와 상징을 통해 어떻게 삶의 혼란 속에서 질서를 발견해 왔는지를 설명합니다. 엘리아데에 따르면, 신화는 단순한 옛이야기가 아니라 혼돈을 질서로 바꾸려는 인간의 본능적 몸부림이었습니다.

고대인들은 벼락, 질병, 맹수 같은 설명할 수 없는 현상을 두려워했습니다. 이들은 그러한 두려움을 극복하고자 신화를 만들었습니다. 설명되지 않는 재난 앞에서 "왜?"라는 질문을 던졌고, 그에 대한 응답이 신화였습니다. 신화는 삶의 불확실성을 견디게 하는 정신적 장치였던 것입니다.

오늘날 우리는 고대 신화를 그대로 믿지는 않지만, 여전히 신화적 사고를 통해 혼돈을 극복합니다. "작은 습관이 성공을 만든다", "시련은 성장을 낳는다" 같은 말들은 현대판 신화라 할 수 있습니다. 중요한 일을 앞두고 반복하는 루틴, 명상, 행운의 물건도 혼란 속에서 안정을 찾으려는 시도입니다.

엘리아데는 인간이 스스로 의미를 만들어 내는 존재라고 설명합니다. 우주의 질서에 감탄하면서도 우리는 각자의 혼돈 속에서 나름의 질서를 만들어 가고 있습니다. 그리고 그 속에 서 발견한 작고 단단한 의미들이야말로 우리 삶을 밝히는 등대가 될 것입니다

◆

미르치아 엘리아데(1907~1986)는 루마니아 출신의 종교학자이자 철학자로, 비교종교학과 신화 연구에 지대한 영향을 끼쳤다. 그는 종교를 단순한 믿음 체계를 넘어 인간 실존의 깊은 표현으로 이해했으며, 현대 종교학의 기초를 세운 인물로 평가받는다.

◆

필로소피 TO DO LIST

"결국 자신이 누구인지 알아가려면,
이 고통스러운 자기 직면의 과정을 거쳐야만 한다."

《원형과 집단무의식》

진짜 나를 만나기 위한 TO DO LIST

☐ _____

☐ _____

☐ _____

☐ _____

☐ _____

☐ _____

☐ _____

☐ _____

필로소피 다이어리

공감 가는 철학자의 말을 쓰고, 어떤 느낌과 생각이 드는지 정리해 보세요.

타인을 지옥으로 만들지 말라

사르트르의 타인

> "벌겋게 달군 쇠꼬챙이는 필요 없다. 지옥은 바로 타인이다!"
>
> 《닫힌 방》

019 '지옥'이라는 말을 들으면 불길과 고통, 악마 같은 이미지를 떠올리게 됩니다. 그러나 철학자 장 폴 사르트르는 "지옥은 타인이다"라는 말로 전통적인 지옥의 이미지를 뒤흔듭니다. 이는 단순히 타인이 불편하다는 의미가 아니라 타인과의 관계 속에서 인간이 겪는 실존적 고통을 통찰한 말입니다.

사르트르의 희곡 《닫힌 방》에는 창문도 거울도 없는 방에 세 사람이 갇혀 있는 모습이 등장합니다. 이들은 서로의 시선을 피할 수 없는 상황에서 점점 무너지다 결국 깨닫게 됩니다. 타인의 시선이 감옥이며, 끊임없이 평가받고 규정되는 관계가 바로 지옥이라는 사실을 말입니다.

공원 벤치에 앉아 책을 읽고 있을 때 누군가가 나를 바라본다고 느껴지면 자세를 고치고 표정을 바꾸게 됩니다. 방금 전까지는 온전히 내 시간에 몰입해 있었으나 누군가의 시선이 느껴지는 순간 나 자신을 의식하게 되는 것이죠. 사르트르는 바로 이 순간을 지옥이라고 표현합니다. 타인의 시선은 우리를 자유로운 존재에서 벗어나 '보이는 존재'로 만들고, 스스로를 규정하지 못하게 합니다.

그러나 사르트르는 오히려 이 지점을 변화의 출발점으로 삼습니다. 우리 모두가 서로의 시선 안에 살아간다는 사실을 인정하면 나 역시 누군가에게 불편한 시선일 수 있다는 걸 깨닫게 됩니다. 이 사실을 알 때 상대방을 대상처럼 대하지 않고 나처럼 존중할 수 있게 됩니다.

또한, 타인의 평가에 연연하기보다 내 안의 기준을 제대로 세울 것을 강조합니다. 소셜미디어의 '좋아요'보다, 내가 진심으로 소중하게 여기는 가치를 따르는 것이 더 건강한 삶의 방향인 것이지요.

"지옥은 타인이다"라는 말은 결국 타인의 시선 속에서도 나 자신을 잃지 말라는 뜻입니다. 타인의 평가가 나를 흔들 수는 있지만 그 시선을 내려놓는 순간 우리는 지옥에서 벗어날 수 있습니다. 그리고 나를 존중하고 타인도 존중하는 새로운 관계가 시작될 수 있습니다. 지옥이 타인이 될 수 있다면, 천국도 타인이 될 수 있습니다. 문제는 우리가 어떤 관계를 선택하느냐에 달려 있습니다.

◆

장 폴 사르트르(1905~1980)는 프랑스의 철학자이자 소설가, 극작가로, 실존주의를 대표하는 사상가였다. 그는 "실존은 본질에 앞선다"라는 명제로 인간은 태어나면서부터 정해진 본질 없이 자유롭게 자신의 존재를 선택하고 책임져야 한다고 보았다. 사르트르는 전쟁과 식민주의, 억압에 맞서 지식인의 사회적 책임을 강조하며, 철학을 행동의 무대로 끌어낸 인물로 평가받는다.

누구나 삶의 영웅이 되는 순간이 있다
캠벨의 영웅

"우리 모두가 공유할 수 있는 신화가 사라진 지금, 우리는 각자 자신만의 작은 신전을 마음속에 품고 있다."

《천의 얼굴을 가진 영웅》

020 현대 사회는 과학과 이성이 지배하는 사회입니다. 전통적인 신화는 우리 삶과 무관하고 시대에 뒤떨어진 이야기처럼 보이곤 하지요. "그건 신화야"라는 말은 종종 "그건 사실이 아니야"라는 뜻으로 사용됩니다.

조셉 캠벨은 이 통념에 반박합니다. 캠벨은 신화가 인간의 경험을 담아내는 살아 있는 언어라고 설명합니다. "신화는 사실인가, 거짓인가?"라는 질문은 신화의 본질을 오해한 것입니다. 캠벨은 신화의 가치가 인간 내면의 여정을 얼마나 깊이 반영하는가에 있다고 말합니다. 신화는 신이나 영웅의 이야기가 아니라 지금 이 순간을 살아가는 사람들의 이야기입니다. 개인의 시련, 변화, 깨달음은 모두 신화적 서사로 연결될 수 있습니다.

캠벨은 모든 신화가 '영웅의 여정'이라는 구조를 가진다고 말합니다. 평범한 인물이 시련을 겪고 변화한 뒤 새로운 모습으로 돌아오는 과정이지요. 직장에 도전하거나 실연을 극복하고 다시 일어서는 모든 순간이 그 여정의 일부입니다.

신화는 영화나 드라마, 자기계발서, SNS 속에도 살아 있습니다. 〈어벤져스〉, 〈해리 포터〉 같은 영화가 사랑받는 이유도 단순히 액

션이나 마법 때문만이 아닙니다. 이 이야기들은 인간 내면에 자리한 신화적 구조를 현대적으로 풀어낸 것입니다. 슈퍼히어로나 판타지 영화 속 이야기, 우연한 만남에서의 깨달음, 삶의 전환점에서 느끼는 강한 상징성과 감정 모두가 현대의 신화적 경험입니다.

캠벨은 "당신의 삶을 하나의 위대한 이야기로 바라보라"라고 말합니다. 지금 당신이 겪는 갈등, 선택, 회복의 순간이 바로 당신만의 신화입니다. 오늘, 그 신화의 새로운 장을 시작해 보세요. 현대의 신화는 바로 당신의 삶 속에서 써지고 있습니다.

◆

조셉 캠벨(1904~1987)은 미국의 신화학자이자 비교종교학자로, 전 세계 신화의 공통 구조를 밝혀낸 '영웅 여정(mononmyth)' 이론으로 잘 알려져 있다. 캠벨은 "당신의 블리스(내면의 기쁨)를 따르라(Follow your bliss)"라는 말을 통해 자기 실현과 삶의 의미를 찾는 여정을 강조했고, 그의 사상은 문학, 예술, 심리학은 물론 현대 대중문화에도 깊은 영향을 끼쳤다.

죽음을 생각할 때 삶은 선명해진다

사르트르의 죽음

"나는 죽음이 삶을 방해하도록 내버려 두지 않는다. 죽음은 오직 삶을 규정하기 위해서만 삶 속으로 들어와야 한다."

《닫힌 방》

---

021 우리 모두는 언젠가 죽음을 맞이하게 됩니다. 많은 사람이 죽음을 떠올리면 두려움부터 느끼고 피하고 싶어 합니다.

그런데 사르트르는 죽음을 조금 다르게 보았습니다. 그는 죽음을 단순한 삶의 끝이 아닌 삶의 의미를 더욱 선명하게 드러내는 순간으로 보았습니다. 또한, 죽음을 두려움의 대상으로 보지 않고, 삶을 더욱 깊이 있게 살아갈 수 있도록 하는 계기로 받아들일 것을 권유했습니다.

생각해 보세요. 만약 우리에게 무한한 시간이 주어진다면 오늘 내가 무엇을 하든 그것이 크게 중요하게 느껴지지 않을 것입니다. 사르트르는 죽음이 존재하기에 우리는 시간의 소중함을 깨닫고 매 순간 어떻게 살아갈지 고민하게 된다고 설명합니다. "내일은 없을 수도 있다"라는 인식이 오늘의 결정에 더 큰 무게를 실어 주는 것이지요.

누구나 아픈 경험을 안고 살아갑니다. 사랑하는 사람을 잃었거나 자신의 죽음을 가까이 느꼈던 순간을 겪고 나면, 이전에는 스쳐지나갔던 일상의 풍경이 새롭게 다가옵니다. 친구와 나눈 웃음, 가족과 함께한 식사, 창밖으로 스며드는 햇빛 같은 것들이 말입니다. 그것이 바로 죽음이 삶에 건네는 선물입니다.

심리학의 '공포 관리 이론(terror management theropry, TMT)'도 이러한 관점을 뒷받침합니다. 2002년 연구에서는 죽음을 떠올린 사람들이 타인과의 관계를 더 소중히 여기고, 외적인 가치보다 내면적 가치를 중시하는 경향을 보였습니다.

홀로코스트 생존자인 빅터 프랭클은 극한의 고통 속에서도 삶의 의미를 찾는 것이 살아남는 힘이 되었다고 말합니다. 그의 증언은 인생이 고통스러울수록 우리는 살아야 할 의미를 붙잡아야 한다는 사실을 일깨워 줍니다.

"오늘이 내 인생의 마지막 날이라면, 나는 무엇을 하고 싶을까?" 이 질문은 우리 삶의 우선순위를 다시 바라보게 합니다. 미뤄 두었던 일들, 표현하지 못한 사랑, 시도하지 못한 꿈들이 떠오를 수 있습니다.

결국 죽음을 두려워하지 않는 가장 좋은 방법은 지금 이 순간을 충실하게 살아가는 것입니다. 사르트르의 말처럼, 죽음은 우리가 진정한 삶의 의미를 찾을 수 있도록 돕는 맑은 거울일 뿐입니다.

단순한 순간이 삶을 채운다
소로우의 단순함

"나는 숲으로 들어갔다. 진정한 삶을 살아 보고 싶었기 때문이다."

《월든》

022 알람 소리에 일어나 출근하고 일하고 귀가하는 하루, 우리는 그 반복 속에서 "지금 나는 어떻게 살고 있는 가?"라는 질문을 떠올릴 여유조차 없이 살아가고 있습니다.

헨리 데이비드 소로우는 이런 삶의 태도에 오래전부터 의문을 품었습니다. 《월든》에서 그는 월든 호숫가에서 보낸 2년의 고독한 시간을 통해 삶의 본질을 깊이 탐색했습니다. 소로우는 인생의 마지막 순간에 "나는 제대로 살지 못했구나"라고 후회하지 않기 위해 삶에서 불필요한 것을 덜어내고 본질을 마주해야 한다고 말했습니다.

그가 살았던 19세기 미국은 산업화와 도시화가 빠르게 진행되던 시기였습니다. 많은 사람이 물질적 풍요를 좇아 분주하게 살아갔고, 소로우는 그 흐름과는 다른 길을 택했습니다. 1845년, 그는 친구인 에머슨의 땅에 작은 오두막을 짓고 지내며 욕망과 집착을 덜어내는 실험을 시작합니다. 자연은 스승 삼아 삶의 균형과 고요를 되찾고자 했던 것이지요.

소로우에게 단순함은 가난이나 결핍이 아니라 진정한 가치를 찾기 위한 선택이었습니다. "불필요한 사치와 쾌락은 오히려 사람을 불행하게 만든다"라는 그의 말처럼 단순함은 삶에서 꼭 필요한 것만 남기려는 태도였습니다. 이는 조각가가 돌에서 쓸데 없는 부분을 깎아내듯 삶에서 똑 필요한 것만 남기는 작업과도 같습니다.

오늘날 미니멀리즘이나 슬로우 라이프가 주목받는 것도 이와 무관하지 않습니다. 정보와 소비에 지친 사람들은 소로우의 철학에서 위로와 방향을 찾습니다. "삶의 본질은 언제나 그 자리에 있지만, 불필요한 것들이 그것을 가리고 있다"라는 소로우의 말은 지금이 시대에 더욱 절실하게 다가옵니다.

삶을 바꾸기 위해 반드시 큰 결단이 필요한 것은 아닙니다. 아침에 조금 일찍 일어나 창밖을 바라보는 일, 저녁에 휴대폰을 내려놓고 책을 읽는 시간, 주말에 자연을 걸으며 마음을 정돈하는 순간들, 이런 사소한 실천이 바로 '월든의 순간들'입니다.

소로우가 남긴 가장 큰 교훈은 무엇을 더 가질지가 아니라 무엇을 덜어낼지와 관련한 지혜였습니다. 지금부터 삶에서 불필요한 것을 하나씩 덜어내 보세요. 그 자리에 진짜 소중한 것이 자연스레 드러나게 될 것입니다.

◆
헨리 데이비드 소로우(1817~1862)는 미국의 사상가이자 작가, 자연주의자이다.w 그는 매사추세츠의 월든 호숫가에 거처를 마련하고 자급자족의 삶을 실천하며, 자연과 자아 성찰, 단순한 삶의 가치를 저서 《월든》을 통해 전했다.

철학자의 문장 필사하기

"우리 모두가 공유할 수 있는 신화가 사라진 지금, 우리는 각자 자신만의 작은 신전을 마음속에 품고 있다."

《천의 얼굴을 가진 영웅》

"나는 숲으로 들어갔다. 진정한 삶을 살아 보고 싶었기 때문이다."

《월든》

◆

필로소피 다이어리

공감 가는 철학자의 말을 쓰고, 어떤 느낌과 생각이 드는지 정리해 보세요.

혼돈 속에서도 별은 태어난다

니체의 초인

"내면의 혼돈을 품어야만 춤추는 별을 낳을 수 있다."

《차라투스트라는 이렇게 말했다》

023 우리 삶에서 빛나는 순간들은 어디서 비롯될까요? 성공, 창의성, 자아실현의 찬란한 순간들은 과연 안정과 질서 속에서만 가능할까요? 니체는 단호히 다른 견해를 펼칩니다. 그는 오히려 혼돈이야말로 새로운 가능성과 창조의 씨앗이 자라나는 터전이라 말하며, 혼돈을 피하거나 억누르지 말고 그 속에서 자유롭게 춤추라고 이야기합니다.

니체의 통찰은 삶과 시련에 대해 깊은 의미를 던져 줍니다. 혼돈은 때로 불안과 두려움을 일으키지만, 바로 그 혼돈 속에서 변화와 성장이 이루어집니다. 그는 "당신은 춤추는 별을 낳기 위해 내면의 혼돈을 품어야 한다"라고 말하며, 진정한 창조와 새로운 삶의 지평은 혼돈을 온전히 받아들일 때 열린다고 강조합니다.

니체가 말하는 혼돈은 단순한 무질서가 아닙니다. 그것은 기존의 견고한 질서를 허물고 새로운 가능성을 탄생시키는 창조적 에너지입니다. 내면의 혼돈은 우리 마음속 갈등과 불안을 포함하며, 근본적인 질문 앞에서 우리는 흔들립니다. 그러나 니체는 이러한 혼돈의 순간이야말로 더 높은 자아를 발견하는 기회라고 보았습니다. 삶에서 맞닥뜨리는 실패와 예기치 못한 변화는 외적 혼돈의 모습입니다. 이는 우리를 흔들어 놓지만, 동시에 새로운 길을 여는 문이 되기도 합니다. 니체는 혼돈을 거부하지 말고 온전히 받아들여야 한다고 강조합니다.

그의 철학에서 "신은 죽었다"라는 선언은 기존의 가치를 재검토하고 새로운 가치 창조의 필요성을 일깨우는 것이었습니다. 이는 자신만의 가치를 창조하는 과정에서 필연적으로 혼돈이 수반됨을 의미합니다. '운명애(Amor Fati)'는 니체 사상의 핵심 개념으로, 자신에게 주어진 모든 것을 기꺼이 받아들이는 태도를 뜻합니다. 초인은 혼돈과 고통을 삶의 일부로 사랑하며, 이를 성장의 자양분으로 삼습니다.

심리학자 미하이 칙센트미하이는 창의성과 혼돈의 깊은 연관성을 연구했습니다. 그의 연구에 따르면 창의적인 사람들은 불확실한 상황을 피하지 않고 이를 새로운 발견의 기회로 삼는다고 합니다. 니체의 말처럼 혼돈은 춤추는 별을 낳는 힘을 가지고 있습니다. 불확실한 상황 속에서도 열린 마음으로 혼돈을 받아들이고, 이를 도약의 발판으로 삼는다면 우리의 삶은 더욱 풍요롭고 창조적으로 빛날 것입니다. 지금 당신은 어떤 혼돈과 직면하고 있나요? 그 혼돈을 품을 용기를 내어 보세요. 그때 비로소 당신의 삶을 빛나게 할 춤추는 별이 탄생할 것입니다.

◆
프리드리히 니체(1844~1900)는 독일의 철학자이자 문헌학자로, "신은 죽었다"라는 선언으로 절대적 가치의 붕괴를 알렸다.

운명은 바꿀 수 없어도 태도는 선택할 수 있다

카뮈의 반항

"경멸로 극복할 수 없는 운명은 없다."

《시지프스의 신화》

024 살다 보면 불행이 우리를 압도하는 순간들을 마주하게 됩니다. 갑작스러운 불치병 진단, 끝없는 가족 갈등, 계속되는 실패와 좌절 등등 이런 상황에서 삶은 마치 시지프스처럼 끝없이 바위를 언덕 위로 밀어 올리는 형벌처럼 느껴지곤 합니다. 그런데 실존주의 철학자 알베르 카뮈는 바로 이 절망적인 지점에서 놀라운 희망의 빛을 발견합니다.

우리 모두는 극복할 수 없어 보이는 운명의 벽과 마주합니다. 하지만 카뮈는 이러한 부조리한 현실 속에서도 인간은 '반항'과 '경멸'을 통해 자신의 존엄과 자유를 지킬 수 있다고 하며, "우리는 시지프스를 행복하다고 상상해야 한다"라고 말합니다.

그가 말하는 경멸은 단순한 분노나 회피가 아닙니다. 그것은 부조리한 현실을 있는 그대로 직시하되, 그에 굴복하지 않고 오히려 스스로의 태도를 선택하는 자세입니다. 매일 아침 만성 통증과 함께 깨어나는 환자가 "오늘도 이 통증과 함께하겠다"라고 결심하는 순간, 그는 자신의 고통을 받아들이며 경멸의 태도를 실천하고 있는 것입니다.

신들의 저주로 영원히 바위를 밀어야 하는 형벌을 받은 시지프스는 그 과정을 자기 것으로 만들어 신들의 의도를 무력화시킵니다. 그는 바위가 굴러 내려갈 때마다 다시 언덕 아래로 걸어가며 자신의 운명을 똑바로 바라봅니다. 그 순간 시지프스는 스스로를 피해자가 아닌 주체로 만들며 삶의 의미를 창조합니다.

이러한 태도는 우리의 일상 속에도 적용해 볼 수 있습니다. 반복되는 가사노동에 지친 부모가 그 시간을 자녀와의 대화의 기회로 바꾸고, 지루한 통근 시간을 사색과 성찰의 시간으로 전환할 때 우리는 부조리한 현실에 맞서 자기만의 의미를 만들어 가고 있는 것입니다.

카뮈는 운명이 우리를 지배할 수는 없다"라고 말합니다. 운명이 아무리 불행하다 해도 그 속에서 스스로의 삶의 태도를 선택하는 한 우리는 언제든 운명을 경멸할 수 있습니다. 그것이 바로 가장 인간다운 반항이자 자유의 선언입니다.

◆

알베르 카뮈(1913~1960)는 프랑스의 철학자이자 소설가, 극작가로, 부조리 철학을 대표하는 인물이다. 그는 인간 존재가 이성으로는 이해할 수 없는 세계 속에 던져져 있다는 '부조리'를 중심 주제로 삼았으며, 이에 맞서는 태도로 반항과 연대를 강조했다. 《이방인》, 《시지프 신화》, 《페스트》 등에서 인간의 고독, 자유, 책임을 탐구했고, 부조리한 삶 속에서도 의미를 창조해 나가려는 인간의 존엄을 그려 냈다.

양치기가 양떼를 돌보듯 산다
하이데거의 존재의 목자

"인간은 존재자들의 주인이 아니라 존재의 목자이다."

《휴머니즘에 관한 편지》

025 현대 사회에서 우리는 인간을 세상의 중심이자 지배자로 여깁니다. 스마트폰 하나로 세계를 손안에 넣고, 첨단 과학기술로 자연을 통제할 수 있다고 믿습니다. 그러나 우리가 정말 세상의 주인이 맞을까요? 마르틴 하이데거는 인간을 존재자들의 주인이 아닌 존재의 목자로 바라보며 이런 믿음에 근본적인 의문을 던집니다.

하이데거가 말하는 존재란 단순히 눈에 보이는 사물이 아닙니다. 예를 들어, 숲속의 나무 하나하나는 존재자입니다. 그러나 나무들이 어우러져 생태계를 이루는 숲 전체의 생명력은 존재에 가깝습니다. 존재란 개별적인 존재자들이 관계를 맺으며 의미를 드러내는 근원적 터전입니다.

일상의 예로 보면 오래된 찻잔은 단순한 물건이 아닙니다. 그 안에는 할머니의 손길, 가족의 추억, 시간의 흔적이 담겨 있습니다. 물건이 단순한 도구를 넘어 우리에게 의미를 드러내는 방식, 그것이 하이데거가 말하는 존재의 방식입니다.

존재의 목자가 된다는 것은 세상을 정복하고 지배하는 일이 아닙니다. 정원사가 식물의 생장을 존중하듯 세상의 다양한 존재들과 조화롭게 어울리며 고유한 의미를 돌보는 삶의 태도입니다. 하이데거는 우리 시대가 이 태도를 잃어버렸다고 말합니다.

숲을 생태계가 아닌 목재 자원으로, 강을 생명의 흐름이 아닌 수력 발전소 부지로만 바라보는 시선은 자연을 단지 수단으로 전락시킵니다. 이러한 기술적 사고는 인간관계에도 스며듭니다. 친구를 인맥으로, 직장 동료를 인적 자원으로 바라보는 보며 인간을 단순히 이용하고 소비할 대상으로 여기지요.

존재의 목자로 산다는 것은 실천의 문제입니다. 아침의 차 한 잔에 감사함을 느끼고, 길가의 꽃 한 송이에서 생명의 경이로움을 발견하며, 대화 속에서 상대의 존재 자체를 존중하는 것. 매 순간 의미를 헤아리며 감사한 마음으로 삶을 대하는 자세가 필요합니다.

당신은 세상을 정복하고 소비하는 주인으로 살 것입니까, 아니면 세상의 다양한 존재들과 조화를 이루며, 고유한 의미를 돌보는 목자로 살아갈 것입니까?

◆
마르틴 하이데거(1889~1976)는 20세기 독일의 대표적인 철학자로, 존재론을 근본적으로 재사유한 《존재와 시간》을 통해 현대 철학에 깊은 전환을 가져왔다.

지금 이 순간의 선택이 내일을 만든다

베르그송의 지속

> "순수한 현재란 미래를 향해 끊임없이 나아가는 과거의 발걸음이며, 우리는 그 것을 붙잡을 수 없다. 사실 우리가 느끼는 모든 감각은 이미 지나가 버린 기억일 뿐이다."
>
> 《물질과 기억》

026 우리는 흔히 "과거에 집착하지 말고, 미래를 걱정하지 말고, 현재를 살아라"라고 말합니다. 정말 그럴 수 있을까요? 지금 이 순간 우리가 인식하는 현재는 과연 진짜 '현재'일까요?

손가락으로 탁자를 두드려 보세요. 손가락이 탁자에 닿는 순간과 그 감각을 인식하는 순간 사이에는 아주 미세한 시간 차이가 존재합니다. 뇌가 감각 정보를 처리하는 데 시간이 필요하기 때문입니다. 우리가 지금이라고 느끼는 순간은 사실 이미 지나간 순간의 반영입니다.

우리가 경험하는 모든 현재는 과거의 흔적과 결합되어 있으며, 기억은 늘 현재 속에 살아 숨 쉬고 있다는 것이 베르그송의 철학입니다. 그는 시계처럼 물리적으로 측정되는 시간이 아니라 과거와 현재, 미래가 서로 스며드는 흐름으로써의 '지속(durée)'을 강조했습니다.

음악을 떠올리면 쉽게 이해할 수 있습니다. 한 음이 울리고 사라지는 순간, 다음 음이 들어와 이어지며 선율이 됩니다. 각 음은 고립되어 있지 않고, 앞의 여운과 뒤의 울림이 어우러져 하나의 흐름을 만듭니다. 시간도 이와 같습니다. 과거는 단절된 기억이 아니라 현재와 미래 속에 스며 있습니다.

베르그송에게 기억은 단순히 과거를 저장하는 창고가 아니라 현재를 더욱 깊게 만드는 창조적 힘입니다. 오랜 친구를 다시 만났을 때 느끼는 반가움은 과거의 경험이 현재에 살아나는 순간입니다. 감정은 기억과 함께 작동하며 지금 이 순간을 더욱 풍부하게 만듭니다. 뇌과학도 감각 정보의 지연 처리나 기억의 재구성을 등을 통해 그의 철학을 지지합니다.

'지금을 살아간다'라는 것은 찰나만을 붙잡으라는 의미가 아닙니다. 과거의 의미를 현재에 녹여내고 그 경험을 바탕으로 새로운 미래를 향해 나아가는 자세를 뜻합니다. 현재는 멈춰 있는 점이 아니라 살아 있는 흐름입니다. 그 안에 과거의 흔적과 미래의 가능성이 함께 움직이고 있습니다.

진짜 현재는 '지나간 시간의 깊이'와 '다가올 시간의 가능성'이 교차하는 자리입니다. 그 흐름 위에서 우리는 매 순간을 새롭게 살아갈 수 있습니다.

◆

앙리 베르그송(1859~1941)은 시간과 의식, 창조의 개념을 중심으로 생명과 인간 정신을 철학적으로 탐구했다. 《창조적 진화》, 《의식에 직접 주어진 것들에 관한 시론》 등에서 이성보다는 직관을 통해 생명의 창조성과 자유를 이해해야 한다고 주장했으며, 그의 철학은 문학, 예술, 심리학에 이르기까지 광범위한 영향을 주었다. 1927년 노벨문학상을 수상하며 철학과 문학의 경계를 넘나든 사상가로 평가받는다.

◆

필로소퍼 TO DO LIST

"내면의 혼돈을 품어야만 춤추는 별을 낳을 수 있다."

《차라투스트라는 이렇게 말했다》

부정적인 감정을 두려워하지 않기 위한 TO DO LIST

- [ ] _____
- [ ] _____
- [ ] _____
- [ ] _____
- [ ] _____
- [ ] _____
- [ ] _____
- [ ] _____

철학자의 문장 필사하기

"경멸로 극복할 수 없는 운명은 없다."

《시지프스의 신화》

"사실 우리가 느끼는 모든 감각은 이미 지나가 버린 기억일
뿐이다."

《물질과 기억》

욕망을 이해할 때 비로소 자유로워진다
스피노자의 자유

> "사람들은 자신들이 자유롭다고 믿는다. 자신이 하는 행동은 지각하지만, 그 행동을 하도록 만든 원인은 지각하지 못하기 때문이다."
>
> 《에티카》

027 얼마 전에 산 옷은 정말 필요해서 샀나요, 아니면 주변 사람들이 많이 입고 다니는 유행을 따르기 위해 샀나요? 새 스마트폰을 구매한 이유는 꼭 필요한 기능이 있어서였나요, 아니면 광고를 보고 욕구가 생겼던 걸까요?

"자유롭다고 느끼는 돌이 있다면, 그 돌은 자신이 원해서 떨어진다고 생각할 것이다" 스피노자가 《에티카》에서 든 이 비유는 우리가 익숙하게 받아들이는 '자유'라는 감각에 날카로운 질문을 던집니다. 우리는 매 순간 "내가 선택했다"라고 믿지만, 그 선택을 이끈 보이지 않는 실타래 같은 원인은 살피지 못합니다. 과연 우리는 정말 자유로운 존재일까요, 아니면 단지 자유롭다고 느끼도록 만들어진 존재일까요?

스피노자는 세상의 모든 일이 원인과 결과의 필연적 흐름 속에서 일어난다고 믿었습니다. 인간도 예외는 아닙니다. 우리는 욕망과 의지를 '내 것'이라고 느끼지만, 정작 그것이 어디서 비롯되었는지는 모르는 경우가 많습니다. 이러한 무지가 오히려 진정한 자유를 가로막는다고 그는 말합니다.

그는 인간 역시 자연의 일부이며, 자연은 그 자체의 법칙에 따라 움직일 뿐 인간을 위해 존재하지 않는다고 강조합니다. 우리가 자유롭게 내렸다고 믿는 결정들조차도 환경, 교육, 문화, 사회적 규범에 영향을 받습니다. 새로 나온 휴대폰을 사고 싶다는 욕망, 식당에서 특정 메뉴를 고르는 선택, 전공이나 직업을 결정하는 과정도 사실은 광고, 주변 반응, 사회 구조 등 외부 요인이 만든 결과일 수 있습니다.

그렇다면 진정한 자유란 무엇일까요? 스피노자는 욕망이 어디서 비롯되었는지를 자각하고, 그것에 휘둘리지 않을 때 비로소 자유로워질 수 있다고 말합니다. 진정한 자유는 단순히 원하는 것을 좇는 것이 아니라 그 욕망의 근원을 들여다보고 의식적으로 선택하는 능력에 달려 있습니다.

오늘날 우리는 기술, 소비, 사회의 흐름 속에서 끊임없이 선택을 요구받고 있습니다. 이럴수록 "나는 왜 이것을 원하는가?"라는 물음을 스스로에게 던지는 연습이 필요합니다. 그렇게 할 때 우리는 외부의 영향에서 벗어나 진정으로 나의 삶을 주도할 수 있는 첫걸음을 내디딜 수 있습니다.

자유는 하고 싶은 대로 사는 것이 아니라 내 욕망의 출처를 직시하고 그것을 조율해 나가는 의식의 힘입니다. 그것이 스피노자가 말한 참된 자유의 시작점입니다.

삶이라는 문장을 다시 써 보는 용기

키르케고르의 동사로써의 삶

> "인간의 삶을 하나의 긴 글로 해석할 수 있다. 그 글 속에서 사람들은 각기 다른 품사처럼 살아간다."
>
> 《일기-1836년 3월》

028 삶을 하나의 문장에 비유한다면, 우리는 과연 어떤 품사의 역할을 하고 있을까요? 단순히 상황을 꾸미는 형용사처럼 살고 있지는 않은지, 아니면 능동적으로 변화를 만들어가는 동사로 살아가고 있는지 돌아보게 됩니다. 혹시 우리는 스스로 문장의 주어라고 믿지만, 사실은 누군가의 행동이 향하는 목적어로 머무르고 있는 것은 아닐까요?

19세기 덴마크의 철학자 키르케고르는 인간의 삶을 문장의 품사에 빗대어 설명했습니다. 문장에서 명사와 동사가 핵심을 이루듯 삶에서도 주체적인 존재와 행동이 가장 중요합니다. 하지만 많은 사람이 형용사나 부사처럼 주변을 꾸미는 역할에 머무르며 살아갑니다.

우리의 일상을 돌아보면, 우리는 얼마나 자주 남의 시선을 의식하며 살아가고 있을까요? '유능한' 직원, '착한' 사람이라는 수식어를 얻기 위해 끊임없이 노력하지만, 정작 스스로 선택하고 행동하는 주체적인 순간은 얼마나 될까요?

키르케고르는 인간관계를 '불규칙 동사'에 비유하기도 했습니다. 문법에서 불규칙 동사는 일정한 변화 규칙을 따르지 않듯, 인간관계 역시 예측할 수 없고 복잡하게 얽혀 있기 때문입니다. 관계 속에서 우리는 때로는 명사로, 때로는 접속사나 감탄사로 존재하며 끊임없이 변화합니다.

그가 말한 '명사'나 '적극적인 동사'로 산다는 것은 단순히 앞에 나서거나 주목받는 것을 의미하지 않습니다. 그것은 우리가 스스로 삶의 방향을 선택하고 자신만의 이야기를 능동적으로 써 내려가는 태도를 의미합니다.

진정한 주체가 되기 위해서는 지금 내가 어떤 품사로 살고 있는지를 먼저 자각해야 합니다. 나는 내 삶의 주어인지, 아니면 누군가의 이야기 속 조연인지를 의식적으로 돌아보고, 자신의 삶이라는 문장을 의식적으로 써 나가는 것이 중요합니다.

삶은 하나의 문장과 같습니다. 어떤 이는 주어가 되어 이야기를 이끌고, 어떤 이는 형용사나 부사처럼 문장을 꾸밉니다. 중요한 것은 그 문장을 누가 쓰고 있는가입니다. 당신은 지금, 어떤 품사로 살아가고 있나요?

◆

쇠렌 키르케고르(1813~1855)는 덴마크의 철학자이자 신학자로, 실존주의의 선구자로 불린다. 그는 인간 존재의 불안, 절망, 선택의 문제를 중심으로 신 앞에 선 개인의 주체적 결단을 강조했다. 그는 실존의 내면성과 신앙의 진정성을 사유하며, 현대 실존주의 철학과 심리학, 신학에 깊은 영향을 끼쳤다.

더 나은 내가 되기 위한 요구

라쉬의 나르시시즘

"우리는 삶에 많은 것을 바라지만, 정작 자신에게는 너무 적은 것을 기대한다."

《나르시시즘의 문화》

029 출근길을 떠올려 보세요. 막힌 도로에서 "왜 이렇게 교통이 엉망입니까?"라며 짜증을 내고, 회사에서는 "왜 이런 문제도 해결하지 못합니까?"라며 불만을 쏟습니다. 퇴근 후에는 SNS를 보며 타인의 화려한 일상과 비교하고 자신의 삶에 실망합니다. 우리는 세상에 끊임없이 기대하지만 정작 그 세계를 살아가는 자신에게는 무엇을 기대하고 있을까요?

크리스토퍼 라쉬는 이러한 현대인의 태도를 '나르시시즘의 문화'라고 지적했습니다. 사람들은 외부에 많은 것을 요구하면서도 자기 자신에게는 거의 아무것도 요구하지 않습니다. 이 불균형은 내면을 공허하게 만들고, 결국 무력감과 고립으로 이어집니다.

광고와 미디어는 끊임없이 '더 나은 삶'이라는 환상을 주입합니다. 사람들은 그 이미지에 자신을 맞추려 애쓰고 타인과 비교하며 점점 지쳐 갑니다. 그러나 현실과 이상 사이의 간극은 좌절을 낳고 많은 이들이 실천보다는 불평에 머무르게 됩니다. 인간관계가 틀어지면 상대를 탓하고 일이 풀리지 않으면 조직을 비난하지만, 자신의 태도를 되돌아보는 일은 드뭅니다.

스스로에게 요구한다는 것은 더 높은 성과를 강요하는 일이 아닙니다. 그것은 내면을 성장시키고 책임 있게 행동하며 성찰하는 태도를 갖는 일입니다. 라쉬는 진정한 자기애란 자신을 있는 그대로 이해하고 받아들이는 데서 시작된다고 이야기했습니다. 타인의 인정에만 기대는 삶은 오히려 병든 자기애로 이어질 수 있습니다.

진정한 변화는 외부에서 오지 않습니다. "나는 나를 얼마나 알고 있습니까?", "지금 나는 어떤 노력을 하고 있습니까?"와 같이 자기 자신에게 던지는 질문에서 시작되며, 이런 질문은 남 탓을 멈추고 자신을 변화의 출발점으로 삼게 해 줍니다.

삶은 결국 스스로에게 요구한 만큼 응답합니다. 삶에 기대가 크다면 그만큼 자기 자신에게도 요구해야 합니다. 더 나은 삶은 자신을 변화시킬 수 있는 용기에서 비롯됩니다.

◆

크리스토퍼 라쉬(1932~1994)는 미국의 역사학자이자 사회비평가로, 현대 자본주의와 문화의 병리적 양상을 날카롭게 분석한 인물이다. 그는 《자기만의 세계에 갇힌 사람들》, 《나르시시즘의 문화》 등에서 소비 중심 사회가 개인을 고립시키고, 자아를 약화시키며, 공동체와의 유대를 해체한다고 비판했다. 그의 사상은 보수와 진보를 넘는 급진적 문화비평으로 오늘날까지 주목받고 있다.

삶은 내가 선택한 의견이다
아우렐리우스의 의견

"우주는 흐름이고, 삶은 의견이다."

《명상록》

030 우리는 삶에서 어떤 일이 생겼을 때 문제 그 자체보다 그것을 어떻게 받아들이고 해석하느냐에 따라 더 큰 영향을 받습니다. 직장에서 프로젝트가 실패했을 때 어떤 생각이 먼저 떠오릅니까? "나는 능력이 없다"라는 자책이 먼저입니까, 아니면 "좋은 경험이었다"라는 수용입니까? 같은 상황이라도 해석에 따라 삶의 방향은 전혀 달라집니다.

마르쿠스 아우렐리우스는 "우주는 흐름이고, 삶은 의견이다"라는 말로 스토아 철학의 핵심을 표현했습니다. 이 말은 외부의 사건과 그것을 받아들이는 내면의 태도를 분리하라는 가르침입니다.

아우렐리우스는 "모든 것은 강물처럼 흘러가고, 머무는 것은 없다"라고 말하며, 우주를 끊임없이 변화하는 흐름으로 보았습니다. 비가 오는 날씨, 계절의 순환, 나이 들어가는 삶 모두가 멈출 수 없는 자연의 흐름입니다.

그러나 이 변화들을 어떻게 받아들일지는 전적으로 개인의 선택에 달려 있습니다. 아우렐리우스는 "일 자체에는 좋고 나쁨이 없다. 그것을 어떻게 바라보느냐가 그것을 좋거나 나쁘게 만든다"라고 했습니다.

예를 들어, 승진에서 탈락했을 때 어떤 사람은 좌절하지만 다른 이는 새로운 기회로 받아들입니다. 친구가 약속에 늦었을 때, 어떤 이는 화를 내고, 다른 이는 "기다리는 동안 책을 읽을 수 있었다"라며 오히려 시간을 선물처럼 여깁니다.

이러한 관점은 심리학에서도 뒷받침됩니다. 하버드대학교 교수이자 심리학자 엘렌 랭어는 70~80대 어르신들을 20년 전의 환경속에서 생활하게 했습니다. 그러자 단 일주일 만에 참가자들의 건강 상태, 인지 능력이 실제로 좋아졌습니다.

"우주는 흐름이고, 삶은 의견이다." 이 말은 우리가 세상을 바라보는 방식을 끊임없이 점검하라는 메시지입니다. 우주의 흐름을 바꿀 수는 없지만, 그 안에서 어떤 시선으로 삶을 해석할지는 선택할 수 있습니다.

오늘 당신은 어떤 의견을 선택하고 있습니까? 그 선택이 곧 당신의 삶이 됩니다.

◆

마르쿠스 아우렐리우스(121~180)는 로마 제국의 황제이자 스토아 철학을 실천한 대표적 사상가였다. 그는 황제의 자리에 있으면서도 철저히 절제와 의무, 이성을 중시하는 삶을 살았으며, 전쟁터에서도 자신의 내면을 성찰하는 글을 남겼다. 그의 저서 《명상록》은 타인과의 갈등, 운명의 부침 속에서도 흔들리지 않는 마음가짐과 스스로에 대한 통제의 중요성을 강조한다. 아우렐리우스는 삶의 고통과 무상함을 담담히 받아들이며, 우주적 질서에 순응하는 자세 속에서 인간다운 삶의 태도를 보여 주었다.

철학자의 문장 필사하기

"사람들은 자신들이 자유롭다고 믿는다. 자신이 하는 행동은 지각하지만, 그 행동을 하도록 만든 원인은 지각하지 못하기 때문이다."

《에티카》

"우리는 삶에 많은 것을 바라지만, 정작 자신에게는 너무 적은 것을 기대한다."

《나르시시즘의 문화》

◆

필로소피 다이어리

공감 가는 철학자의 말을 쓰고, 어떤 느낌과 생각이 드는지 정리해 보세요.

살아야 할 이유를 알면 살 수 있다

프랭클의 로고테라피

> "사랑하는 이가 자신을 기다린다는 것을 아는 사람, 또는 아직 이루지 못한 일이 있음을 아는 사람은 결코 자신의 삶을 허투루 보내지 않을 것이다."
>
> 《죽음의 수용소에서》

031 살다 보면 삶이 벽처럼 무겁게 다가와 한 걸음 내딛기조차 어려운 순간이 있습니다. 그럴 때 문득 떠오르는 얼굴이나 아직 이루지 못한 꿈이 있다면, 바로 그것이 당신을 다시 일으켜 세운 힘이었을 것입니다.

빅터 프랭클은 나치 강제수용소라는 극한의 현실 속에서도 "삶의 의미를 발견하는 것이 인간 존재의 가장 중요한 동력"이라고 말했습니다. 그에게 삶의 의미란 사랑하는 사람들과의 관계, 그리고 아직 완성하지 못한 목표에서 비롯되었습니다. 그는 수용소에서 아내와 가족을 떠올리며 버텼고, 끝내지 못한 연구와 글쓰기가 삶의 버팀목이 되었다고 고백합니다.

프랭클은 니체의 말을 인용해 "삶의 이유를 아는 사람은 어떤 어려움도 견딜 수 있다"라고 강조했습니다. 사랑은 단순한 감정이 아니라 고난을 견디게 하는 힘이며, 우리가 넘어서야 할 고통을 더 큰 목표와 연결시켜 주는 통로입니다. 그는 고통이야말로 삶을 더 깊이 이해하게 만드는 계기라고 보았습니다.

이러한 통찰을 바탕으로 프랭클은 '로고테라피'를 제안합니다. '로고스(logos)', 즉 '의미'를 중심에 두고 삶의 목적을 찾게 하는 심리치료 방식입니다. 로고테라피는 단순히 고통을 없애려 하기보다 고통 안에서 의미를 발견하게 함으로써 삶을 회복하도록 돕습니다. 예를 들어, 직장에서의 스트레스도 자신의 가치나 목표와 연결된다면, 그것은 견뎌야 할 고통이 아니라 성장의 기회가 될 수 있습니다.

이러한 철학은 실제 연구를 통해서도 확인됩니다. 이란의 말기 암 환자들을 대상으로 한 연구에서는 로고테라피를 받은 환자들이 삶의 의미를 더욱 강하게 인식하고, 우울과 불안이 감소하는 결과를 보였습니다. 또한 쓰나미 생존자들에게도 로고테라피는 유의미한 효과를 보였는데, 이들은 살아남은 이유와 앞으로의 역할을 찾는 데 도움을 받았습니다.

프랭클은 우리에게 조용히 "무엇을 위해 살아가고 있습니까?", "당신에게 소중한 사람은 누구이고, 그 사람을 위해 무엇을 할 수 있습니까?", "어떤 흔적을 세상에 남기고 싶습니까?"라고 묻습니다. 이 질문에 답을 찾는 일이 곧 삶의 의미를 찾는 여정입니다. 의미를 발견한 그 순간부터, 우리는 어떤 고통도 이겨낼 수 있는 힘을 얻게 됩니다.

◆

빅터 프랭클(1905~1997)은 오스트리아 출신의 정신과 의사이자 신경학자, 철학자, 홀로코스트 생존자이다. 그는 《죽음의 수용소에서》에서 인간이 고난 속에서도 삶을 포기하지 않는 이유를 사랑과 책임감에서 찾았다.

말할 수 없는 것은 침묵하라
비트겐슈타인의 침묵

"말할 수 없는 것에 대해서는 침묵해야 한다."

《논리-철학 논고》

032 삶에는 언어로 온전히 표현할 수 없는 순간들이 있습니다. 사랑에 빠졌을 때의 감정, 깊은 슬픔, 아름다운 예술 작품에 감동했을 때의 느낌 등등 이런 경험들은 아무리 많은 말을 쏟아 내도 그 본질을 다 담아내기 어렵습니다.

루트비히 비트겐슈타인의 "표현할 수 없는 것이라면 침묵해야 한다"라는 말은 단순히 말을 삼가라는 명령이 아닙니다. 오히려 이해할 수 있는 것과 침묵 속에 남겨둘 것 사이에서 삶의 깊이를 어떻게 받아들일지를 생각해 보라는 초대입니다. 비트겐슈타인은 언어를 현실을 비추는 거울로 보았지만, 윤리나 예술 같은 형이상학적 개념은 언어로 온전히 담을 수 없다고 보았습니다. 언어는 사실을 설명하는 데는 유용하지만, 표현할 수 없는 경험은 오히려 침묵 속에서 더 깊이 이해된다고 그는 말합니다.

말로 표현할 수 없는 것 앞에서의 침묵은 포기가 아니라 경외의 표현입니다. 마치 웅장한 산맥 앞에서 말을 잃듯 어떤 경험은 언어보다 침묵을 통해 더 깊이 받아들여집니다. 종교적 체험이나 예술적 감동을 마주할 때 우리는 종종 말문이 막히곤 하는데, 이는 그 경험이 우리 안에 얼마나 깊게 스며드는지를 보여 주는 증거이기도 합니다.

우리는 모든 것을 말로 설명하려 하지만, 언어의 한계를 인정하는 일은 오히려 표현할 수 없는 영역을 존중하는 지혜입니다. 갈등이 생겼을 때 모든 감정을 말로 쏟아내려 하기보다는, 때로는 침묵 속에서 서로의 마음을 조용히 나누는 시간이 더 큰 의미를 가질 수 있습니다.

예술 작품 앞에서도 감동을 설명하려 애쓰기보다 그 감정을 조용히 온몸으로 느끼는 편이 더 깊은 체험이 될 수 있습니다. 심리학 연구에 따르면 말로 표현하기 어려운 감정을 억지로 언어화하기보다는 조용히 마주하고 느끼는 시간이 치유에 더 도움이 된다고 합니다.

비트겐슈타인이 말했듯 언어로는 담을 수 없는 세계와 마주할 때 우리는 침묵하는 지혜를 배워야 합니다. 그것은 무지의 표현이 아니라 삶의 깊이를 존중하는 태도입니다. 설명할 수 없는 것을 마주할 때는 굳이 말로 풀어내려 애쓰지 말고 그 침묵을 있는 그대로 받아들여 보세요. 그 안에 더 깊은 이해가 기다리고 있을지도 모릅니다.

◆

루트비히 비트겐슈타인(1889~1951)은 오스트리아 출신의 철학자로, 20세기 언어철학과 분석철학에 결정적인 전환을 가져온 인물이다. 그는 초기에는 《논리-철학 논고》에서 "말할 수 없는 것은 침묵해야 한다"라는 명제로 언어의 한계를 논리적으로 규정했고, 후기에는 《철학적 탐구》를 통해 언어의 의미는 그 사용 속에 있다고 보며 철학의 과제를 오해에서 벗어나게 하는 치료적 작업으로 재정의했다.

더 나은 삶을 위한 필로소피 만다라트

마음에 남은 철학자의 문장을 중심에 두고, 각 칸에 떠오른 생각이나 바꾸고
싶은 태도를 적어 보세요.

	철학자의 문장	

3장

내 뜻대로 살고 싶은데
마음처럼 안 될 때

| 자유롭게 살기 위한 철학 노트 |

열등감은 성장의 단서다
아들러의 열등감

"열등감이 깊을수록 더 높은 권력을 추구하게 된다."

<개인 심리학의 진보>

033 누구나 자신이 부족하다고 느끼는 순간이 있습니다. 남들보다 뒤처지는 것 같거나, 자신의 능력이 모자라다고 여겨질 때 우리는 쉽게 좌절합니다. 그러나 알프레드 아들러는 이러한 열등감을 단순한 약점이 아닌 삶의 강력한 추진력으로 보았습니다.

아들러는 열등감을 인간이라면 누구나 겪는 자연스러운 감정으로 이해했습니다. 그는 열등감이 더 나은 삶을 향해 나아가게 하는 원동력이 된다고 말했습니다. 부족함을 인식하는 순간, 우리는 목표를 세우고 그것을 향해 나아가며 점차 성장해 갑니다.

아들러는 열등감을 인간 성장의 본능적 동기로 보았습니다. 열등감은 '나는 무엇이 부족한가'를 자각하게 만들고, 그것을 보완하고자 하는 강한 의지를 불러일으킵니다. 예를 들어, 달리기 시합에서 계속 꼴찌를 하는 아이는 운동 능력을 기르기 위해 더 많이 연습하고 노력하게 됩니다.

그는 이러한 심리를 '보상(compensation)'이라 불렀습니다. 열등감이 깊을수록 그것을 메우려는 동기도 강해지고, 이는 성장을 촉진하는 에너지로 작용합니다. 아들러는 열등감이 결코 숨겨야 할 감정이 아니라 잘 다스리면 삶을 움직이는 강력한 힘이 된다고 보았습니다.

오늘날 사회는 성취와 경쟁을 강조합니다. 자연스럽게 우리는 타인의 기준과 성과에 자신을 비교하며 열등감을 느끼게 됩니다. 그러나 중요한 것은 타인의 기준이 아니라 나만의 가치와 기준을 발견하고 그에 따라 살아가는 것입니다.

심리학자 앤드류 엘리엇과 캐롤 드웩의 연구에 따르면, 열등감은 목표 지향적 행동에 긍정적인 영향을 미칠 수 있습니다. 오히려 열등감을 느끼는 사람일수록 더 높은 목표를 세우고, 끈기 있게 노력하는 경향이 강하다는 것입니다.

열등감을 창조의 에너지로 전환한 대표적인 인물로 J. K. 롤링이 있습니다. 이혼, 실직, 생활고에 시달리며 스스로를 실패자라고 여겼던 그는 그 감정을 글쓰기로 전환했고, 결국 《해리 포터》 시리즈라는 세계적 베스트셀러를 탄생시켰습니다.

열등감은 애벌레가 나비로 변하기 전 머무는 번데기의 시간과도 같습니다. 그것을 어떻게 받아들이고 활용하느냐에 따라, 우리는 더 높은 곳을 향해 날아오를 수 있습니다. 열등감은 숨겨야 할 감정이 아니라 성장의 시작점이 될 수 있습니다.

◆

알프레드 아들러(1870~1937)는 오스트리아의 정신과 의사이자 심리학자로, 개인심리학의 창시자이다. 그는 인간 행동의 동기를 열등감에서 비롯된 '우월성 추구'로 설명하며, 삶의 방향과 목표가 개인의 성격을 형성한다고 보았다.

자유는 축복이 아니라 책임이다
사르트르의 자유

"인간은 자유라는 형벌을 받았다. 한번 세상에 던져진 이상, 그는 자신의 모든 행동에 책임을 져야 한다."

《실존주의는 휴머니즘이다》

034 사람은 매일 선택하며 살아갑니다. 아침 식사나 옷차림 같은 사소한 결정부터 진로나 인간관계처럼 삶을 바꾸는 선택까지, 우리는 끊임없이 선택의 기로에 놓입니다. 그런데도 "내가 원한 게 아니야", "어쩔 수 없었어" 같은 말을 자주 합니다. 과연 우리는 진정 자유롭게 선택하고 있는 걸까요?

사르트르는 인간을 자유롭지만, 그 자유에 책임을 져야 하는 존재라고 말합니다. 인종, 가정환경, 외모처럼 자신의 의지로 선택할 수 없는 조건들은 하이데거가 말한 '피투(被投, Thrownness)'와 유사한 개념으로, 사르트르는 이를 '상황(situation)'이라고 표현했습니다. 인간은 이처럼 주어진 조건 속에 던져진 존재입니다. 하지만 그는 거기서 멈추지 않습니다. 우리는 그 조건 속에서 어떤 삶을 살지, 어떤 의미를 부여할지를 스스로 선택하고 실현해야 합니다. 사르트르는 이를 '초월(transcendence)'이라고 설명하며, 이는 하이데거의 '기투(企投, Projection)' 개념과 유사합니다.

가난하게 태어났다고 해서 그 삶이 가난하게 끝나야 하는 것은 아닙니다. 어떤 태도로 살아갈지는 결국 자신의 몫입니다. 사르트르는 인간은 자기 존재를 스스로 만들어가는 존재이며, 어떤 선택이든 그 결과는 자신이 책임져야 한다고 강조합니다.

오늘날 우리는 더 많은 선택지를 가졌습니다. 하지만 그만큼 책임도 더 무거워졌습니다. 작은 거짓말, 관계에서의 침묵, 진로에 대한 망설임까지. 이 모든 것은 하나의 선택이며 실존의 표현입니다. 사르트르는 회피조차도 선택이라고 말하며, 그 책임에서 벗어날 수 없다고 말합니다.

실존주의는 흔히 '내 마음대로 살아도 된다'라는 철학으로 오해받습니다. 하지만 사르트르에게 자유란 도피가 아닌 의무입니다. 진정한 자유는 스스로 삶의 의미를 만들고, 그에 책임지는 데서 시작합니다.

심리학자 배리 슈워츠는 선택의 폭이 넓어질수록 오히려 불안이 커진다고 지적합니다. 결정이 많을수록 망설임은 깊어지고, 책임을 미루게 됩니다. 그러나 사르트르는 선택 자체가 곧 존재라고 말합니다. 중요한 것은 어떤 선택을 하느냐보다, 그 선택에 어떤 태도와 의미를 부여하느냐입니다.

선택은 곧 나 자신을 드러내는 행위입니다. 자유를 누리고 싶다면, 그 무게 또한 감당해야 합니다. 자유는 축복이 아닙니다. 책임입니다. 그러나 그 책임을 다할 때, 자유는 인간답게 살아간다는 증거가 됩니다.

지금 이 순간에서 기회를 찾는 법
소로우의 기회

"바보들은 기회의 섬에 서서 다른 땅을 바라본다. 하지만 다른 땅은 없으며, 지금 이 삶 외에 다른 삶도 없다."

〈일기(1859년 4월 24일)〉

035 사람은 누구나 매일 더 나은 내일을 꿈꾸며 살아갑니다. 더 많은 돈, 더 깊은 관계, 더 넓은 집, 더 나은 모습을 바라보며 앞으로 나아갑니다. 하지만 그런 바람 속에서 지금 이 순간을 놓치고 있는 건 아닌지 돌아볼 필요가 있습니다. 헨리 데이비드 소로우는 묻습니다. "지금 이 자리가 바로 가장 빛나는 기회의 땅임을 알고 있습니까?."

소로우는 이상적인 삶이 다른 곳에 있는 것이 아니라 지금 우리가 살고 있는 현실 속에 있다고 말합니다. 그가 말한 '기회의 섬'은 멀리 있는 미래가 아니라 바로 현재 서 있는 자리입니다. 우리는 이미 수많은 선택과 가능성 위에 서 있지만, 더 나은 내일만을 좇다가 현재를 쉽게 놓치곤 합니다. 이에 소로우는 "다른 땅은 없다"라고 단호하게 말합니다. 지금 이 순간이야말로 무한한 가능성이 살아 있는 곳이라는 의미이지요.

그는 삶의 순간을 파도에 비유합니다. 파도는 끊임없이 밀려오고 사라지며, 한 번 지나간 파도는 다시 돌아오지 않습니다. 많은 사람이 눈앞의 파도를 놓치고 저 멀리 있는 섬만 바라봅니다. 반면, 지금 이 순간 몸에 닿는 파도에 집중하는 사람은 현재 안에서 삶의 진짜 의미를 발견합니다.

아침 출근길, 스마트폰 대신 주변을 둘러보는 시간을 가져 보시기 바랍니다. 창가로 스며드는 햇살이나 길가에 핀 작은 꽃 같은 풍경이 눈에 들어올 것입니다. 소중한 사람과 이야기할 때는 말보다 표정과 목소리에 마음을 기울여 보시길 바랍니다.

소로우는 월든 호숫가에서 자연과 함께 소박하게 살아가며, 일상의 고요 속에서 평화와 아름다움을 발견했습니다. 그는 삶의 의미가 멀리 있는 목표가 아니라 지금 이 순간의 작고 분명한 아름다움 속에 있다고 말합니다.

기회란 저 멀리 손에 닿지 않는 무지개가 아니라 무지개를 바라보는 바로 그 자리에서 할 수 있는 일을 찾아내는 태도입니다. 오늘부터는 멀리 있는 '다른 땅'을 향해 서 있기보다, 지금 이 자리와 이 순간을 '기회의 섬'으로 여겨보길 바랍니다. 현재를 소중히 여기는 마음이야말로 더 나은 내일로 향하는 첫걸음이 될 것입니다.

지금 이 순간이 바로 삶입니다. 다른 삶은 없습니다.

증오를 넘어 사랑에 이르는 길
스피노자의 사랑

"사랑에 의해 완전히 정복된 증오는 사랑으로 변한다. 그리고 그 사랑은 애초에 증오가 없었을 때보다 더욱 깊어진다."

《에티카》

036 누군가를 미워한 적이 있나요? 그리고 그 미움이 시간이 지나 이해와 용서, 나아가 사랑으로 바뀐 적이 있나요? 우리의 감정 세계는 종종 스스로도 이해하기 어려운 변화의 풍경을 지닙니다.

스피노자는 《에티카》에서 증오와 사랑이 모두 타인과의 관계에서 비롯된다고 설명합니다. 그의 통찰에 따르면, 증오는 슬픔과 연결되고 사랑은 기쁨과 연결됩니다. 다시 말해, 증오는 외부 대상이 우리에게 불러온 슬픔이고, 사랑은 그로 인해 생겨난 기쁨입니다.

누군가를 미워할 때 우리는 고통에 반응하고 있습니다. 때로는 그 고통이 상대의 불행을 바라게 만들기도 합니다. 하지만 그런 증오의 감정은 결국 자신에게 더 깊은 상처와 무거운 짐이 되어 돌아옵니다. 마치 가슴에 돌을 안고 살아가는 것처럼 말입니다.

스피노자는 이 악순환에서 벗어나는 길로 '사랑'을 제안합니다. 상대를 이해하고 용서하려는 순간, 그 행위는 우리 자신에게 기쁨과 해방감을 가져다줍니다. 이는 단순한 이상론이 아니라 감정의 구조를 바꾸는 실질적인 방식입니다.

물론, "증오를 사랑으로 바꾸라"라는 말은 현실에서 이상적으로 들릴 수 있습니다. 깊은 상처를 안고 있는 사람에게 사랑을 말하는 일은 쉬운 일이 아닙니다. 하지만 스피노자의 제안은 현실적입니다. 증오를 '내게 생긴 슬픔'으로 바라본다면, 그 감정에 완전히 사로잡히지 않고 거리를 둘 수 있습니다. 감정의 방향을 바꿀 수 있는 여지가 생깁니다.

남아프리카 공화국 초대 대통령인 넬슨 만델라는 27년의 부당한 수감 생활 끝에도 증오 대신 화해와 용서를 선택했습니다. 그는 "증오는 독약과 같다. 그것을 품은 사람이 해를 입는다"라고 말했습니다.

뇌과학도 스피노자의 관점을 지지합니다. 사랑과 증오는 모두 뇌의 변연계와 측좌핵에서 활성화되며, 동일한 에너지가 다른 방향으로 표현된 것입니다. 그 에너지를 어디로 보낼지는 결국 우리의 선택입니다. 사랑은 관계를 따뜻하게 만들고, 증오는 관계를 얼어붙게 만듭니다.

스피노자는 증오를 극복할 수 있다고 말합니다. 감정의 근원을 이해하고, 그것이 삶에 어떤 영향을 미치는지 살펴보는 일이 그 시작입니다. 누군가를 미워하고 있다면 자신에게 물어보시길 바랍니다. "이 감정은 나를 더 잘 살아가게 만들고 있는가, 아니면 나를 소모시키고 있는가?"

증오를 넘어서 사랑에 이르는 길은 결국 나 자신과 인간에 대한 더 깊은 이해와 연민 속에 있습니다.

"인간은 자유라는 형벌을 받았다. 한번 세상에 던져진 이상, 그는 자신의 모든 행동에 책임을 져야 한다."

《실존주의는 휴머니즘이다》

"바보들은 기회의 섬에 서서 다른 땅을 바라본다. 하지만 다른 땅은 없으며, 지금 이 삶 외에 다른 삶도 없다."

〈일기(1859년 4월 24일)〉

◆

필로소피 TO DO LIST

"열등감이 깊을수록 더 높은 권력을 추구하게 된다."

〈개인 심리학의 진보〉

열등감 없이 살기 위한 TO DO LIST

☐ ....

☐ ....

☐ ....

☐ ....

☐ ....

☐ ....

☐ ....

☐ ....

착한 척이 아닌 진짜 착한 사람이 되는 법
매킨타이어의 덕

"덕을 함양함으로써 자연스럽게 형성된 새로운 본성에 따라 행동하는 것이다."

《덕의 상실》

037 알래스데어 매킨타이어는 《덕의 상실》에서 진정한 덕이란 단순히 옳은 일을 하는 것이 아니라 그런 행동이 자연스럽게 흘러나오는 성품이라고 말합니다. 마치 물이 낮은 곳으로 흐르듯, 덕이 있는 사람에게서는 선한 행동이 억지 없이 스며 나옵니다.

생각해 보세요. 인색한 사람이 사회적 체면 때문에 마지못해 기부를 한다면 진정한 관대함이라 할 수 있을까요? 매킨타이어의 관점에서는 그렇지 않습니다. 진정한 관대함이란 나눔이 기쁨이 되어 자연스럽게 베풀고자 하는 마음에서 비롯된다고 봅니다.

칸트는 이성에 따라 도덕적 의무를 실천해야 한다고 말합니다. '옳기 때문에 해야 한다'라는 논리입니다. 하지만 매킨타이어는 여기서 한 걸음 더 나아가, 도덕적 삶은 이성뿐 아니라 감정, 욕구, 습관까지 조화를 이룰 때 완성된다고 강조합니다.

그는 아리스토텔레스의 전통을 이어 받아, 덕이란 타고나는 것이 아니라 반복된 실천을 통해 길러지는 것이라고 말합니다. 이는 마치 피아노를 배우는 과정과도 같습니다. 처음에는 악보를 보며 의식적으로 손을 움직이지만, 시간이 지나면 손가락이 저절로 건반위를 춤추듯 움직입니다. 정직함도 마찬가지입니다. 처음에는 거짓말의 유혹을 이겨 내야 하지만, 이를 꾸준히 실천하다 보면 정직함이 자연스러운 성향이 됩니다.

덕은 하루아침에 생기는 것이 아닙니다. 억지로 옳은 일을 선택하던 사람이 기꺼이 실천하는 사람으로 바뀌는 과정, 그 길고 느린 여정이 바로 덕을 길러가는 길입니다. 그리고 이 여정은 평생 계속됩니다.

◆

알래스데어 매킨타이어(1929~)는 영국의 철학자로, 《덕의 상실》을 통해 현대 도덕철학의 위기를 진단하고 아리스토텔레스적 덕 윤리의 부활을 주장했다. 그는 도덕 판단이 전통과 공동체의 맥락 속에서 형성된다고 보며, 탈맥락화된 근대 윤리 이론을 비판했다.

삶이 얼마나 귀한 것인지 알아가기
캠벨의 삶의 신비

"나는 삶의 신비, 그리고 당신 자신이 지닌 신비를 알고 살아가는 것이 중요하다고 생각한다."

《신화의 힘》

038 우리의 삶은 대부분 예측 가능한 패턴으로 이루어져 있습니다. 아침에 일어나 출근하고, 일하고, 귀가하는 일상의 순환입니다. 그러나 가끔, 이 익숙한 흐름을 깨뜨리는 특별한 순간들이 찾아옵니다. 별빛 가득한 밤하늘 아래서 느끼는 경이로움, 오랜 친구와의 우연한 재회, 예기치 않게 마주한 아름다운 풍경에서의 깊은 감동 같은 것들입니다. 이런 경험은 우리에게 일상 너머에 더 깊은 의미가 있음을 조용히 일깨워 줍니다.

신화학자 조셉 캠벨은 이러한 순간들이 단순한 감정적 반응을 넘어 인간 존재의 근원적 신비와 연결되어 있다고 보았습니다. 그는 전 세계 신화를 분석하며 인간이 공통적으로 경험하는 '영웅의 여정'을 발견했는데, 이 여정의 핵심에는 늘 자아 발견과 경이로움의 체험이 자리하고 있습니다.

종교학자 루돌프 오토는 이러한 신비한 체험을 '누미노제(numinous)'라고 불렀습니다. 라틴어 'numen(신적인 힘)'에서 유래한 이 단어는, 단순히 설명할 수 없는 것이 아니라 인간을 압도하는 완전히 다른 차원의 실재와 마주하는 경험을 뜻합니다. 누미노제를 마주할 때 우리는 경외와 매혹, 떨림과 두려움을 동시에 느낍니다.

천문학자 칼 세이건의 《창백한 푸른 점》도 그 예입니다. 1990년, 보이저 1호가 촬영한 지구는 암흑 속의 먼지 같은 점에 불과했습니다. 그는 그 사진을 통해 우주의 광대함 속에서 인간의 존재를 새롭게 자각하며, 삶과 관계, 책임의 의미를 다시 묻습니다. 압도적인 작음(small) 속에서 오히려 인간 존재의 소중함이 더 또렷해진 순간입니다.

삶의 신비는 종교의 전유물이 아닙니다. 그것은 인간이 반드시 받아들여야 할 현실의 일부입니다. 신비를 인식한다는 것은 자신의 한계를 인정하고 겸손히 살아가는 동시에, 더 넓은 세계를 향해 마음을 여는 일입니다.

광대한 우주 속 티끌 같은 존재임을 자각하면서도 그 작은 존재로서의 삶이 얼마나 귀한지를 아는 것, 그것이 신비 앞에서 우리가 가져야 할 진정한 태도일지도 모릅니다.

지도만 보고 길을 판단하지 마라
코지브스키의 지도

"지도는 영토가 아니다."

《과학과 이성》

039 길을 찾을 때 지도는 유용한 도구입니다. 그러나 아무리 정교한 지도라도 실제 땅과는 다릅니다. 지도는 현실을 단순화한 표현일 뿐이며, 복잡한 세계를 완전히 담을 수는 없습니다.

알프레드 코지브스키는 이 단순한 사실에서 깊은 통찰을 끌어냈습니다. 그는 우리가 사용하는 언어, 개념, 이론, 상징 등 모든 '지도'는 현실의 '영토'와 동일하지 않다고 말했습니다. 이는 단지 지도에 관한 이야기가 아니라 우리가 세계를 이해하고 소통하는 방식 전체에 대한 성찰입니다.

생각해 보세요. 누군가를 '착한 사람', '이기적인 사람'이라고 말할 때 그 말이 과연 그 사람의 내면과 삶의 모든 면을 설명할 수 있을까요? '행복', '사랑', '자유'와 같은 추상적 개념들도 실제 경험의 풍부함과 미묘함을 온전히 담아내지 못합니다.

코지브스키는 어떤 개념도 현실 전체를 설명할 수 없다고 강조했습니다. 경제학의 그래프, 심리학의 성격 유형, 철학의 개념들도 현실을 보는 하나의 틀일 뿐, 그 자체가 현실은 아닙니다.

지식은 지도와 같습니다. 현실을 이해하는 데 큰 도움이 되지만,

그것만으로는 충분하지 않습니다. 개념이 가진 한계를 인식하고 실제 세계의 복잡함과 변화 앞에 겸손한 태도를 갖는 것이 중요합니다.

이 생각은 인간관계에도 그대로 적용됩니다. 단편적인 정보나 인상만으로 사람을 판단하는 것은 위험합니다. 진정한 이해는 시간을 함께 보내고 직접 경험하는 과정에서 비롯됩니다. 자기 자신에 대해서도 "나는 원래 이런 사람이야"라는 생각은 고정된 지도에 불과할 수 있습니다. 인간은 언제든 변할 수 있으며, 그 가능성은 생각보다 더 넓고 깊습니다.

지금 손에 쥐고 있는 낡은 지도가 현실의 전체를 보여 주는지 되짚어 보시길 바랍니다. 낡은 지도를 내려놓고 열린 마음으로 현실을 바라볼 때, 지도에 없던 놀라운 풍경들이 눈앞에 펼쳐질 수 있습니다.

◆

알프레드 코지브스키(1879~1950)는 폴란드 출신의 철학자이자 언어학자다. 코지브스키는 언어가 사람의 생각과 행동에 어떤 영향을 주는지를 연구했으며, 언어를 정확하게 쓰면 더 합리적으로 사고할 수 있다고 주장했다.

다름 속에 열린 기회가 있다
푸코의 다름

"남들과 다르다는 것은 비정상이 되고, 비정상이라는 것은 곧 병든 것이 된다. 남들과 다름, 비정상, 병듦, 이 세 가지는 사실 전혀 다른 것인데도 동일한 것으로 간주되어 왔다."

《그릇된 행위, 진실 말하기》

040 미셸 푸코는 우리 사회가 '다름'을 어떻게 규정하고 통제해 왔는지를 날카롭게 분석한 철학자입니다. 그는 '정상'이라는 개념을 당연하게 받아들이는 사고방식에 의문을 제기했습니다. 사회는 특정한 기준을 정하고, 그에 맞지 않는 사람들을 '비정상'으로 낙인찍은 뒤 이를 마치 질병처럼 다루어 왔습니다.

푸코에 따르면 정상과 비정상의 구분은 자연스럽게 생긴 것이 아니라 특정한 시대의 '담론(discourse)'과 '권력-지식(power-knowledge)' 관계에 의해 만들어진 개념입니다. 특히 19세기 이후 의학과 정신의학이 발달하면서 인간의 행동을 과학적으로 분류하려는 시도가 활발해졌고, 이 과정에서 정상인과 비정상인이라는 구분이 생겨났습니다.

이러한 기준은 사회적, 경제적 이해관계에 따라 설정된 것이었습니다. 예를 들어, 산업화 초기에는 노동하지 않는 사람을 게으름뱅이로, 가난한 사람을 병자로 규정하며 강제 노동의 대상으로 삼았습니다. 이는 단지 의학적 분류가 아니라 당시 사회가 필요로 했던 통제 방식이었습니다. 푸코는 이러한 구분이 차이를 억압하는 수단이 될 수 있다고 경고했습니다.

그는 다름이 병이 아니라 자연스러운 차이라고 강조했습니다. 다름을 있는 그대로 받아들이고 존중할 때 비로소 개인의 자유와 존엄이 보장됩니다. 다양한 배경과 경험을 지닌 사람들이 모일 때 서로 다른 관점은 새로운 해결책을 이끌어 낼 수 있습니다.

실리콘밸리의 혁신 기업들은 기존의 틀에 맞지 않는 사람들을 오히려 환영합니다. 애플의 창업자 스티브 잡스는 "다르게 생각하라(Think Different)"라는 문구로 유명해졌으며, 독창적인 사고를 가치 있게 여겼습니다.

혹시 '나는 왜 이렇게 다를까?'라는 고민을 하고 있다면, 그것은 오히려 당신만의 관점과 재능을 발견하는 출발점일 수 있습니다. 사회의 기준에 자신을 억지로 맞추려 하기보다는 자신의 다름이 가진 가능성과 의미를 찾아보는 일이 필요합니다.

진정한 자유는 정상이라는 이름 아래 감춰진 권력의 기준을 인식하는 데서 시작됩니다. 자신의 다름을 있는 그대로 받아들일 때, 그것은 약점이 아니라 세상을 새롭게 바라보게 하는 힘이 됩니다.

◆

미셸 푸코(1926~1984)는 프랑스의 철학자로, 권력이 단순히 억압하는 힘이 아니라 사람들의 행동과 생각을 만들어 내는 힘이라고 보았다. 그의 사상은 철학뿐 아니라 교육, 정치, 젠더 연구 등 다양한 분야에 큰 영향을 주었고, 지금도 사회와 인간을 새롭게 바라보는 데 중요한 관점을 제공한다.

필로소피 다이어리

공감 가는 철학자의 말을 쓰고, 어떤 느낌과 생각이 드는지 정리해 보세요.

철학자의 문장 필사하기

"나는 삶의 신비, 그리고 당신 자신이 지닌 신비를 알고 살아
가는 것이 중요하다고 생각한다."

《신화의 힘》

"남들과 다르다는 것은 비정상이 되고, 비정상이라는 것은
곧 병든 것이 된다. 남들과 다름, 비정상, 병듦, 이 세 가지는
사실 전혀 다른 것인데도 동일한 것으로 간주되어 왔다."

《그릇된 행위, 진실 말하기》

성공한 삶을 위해 반드시 갖춰야 할 것
스펜서의 좋은 동물

"사람들은 인생에서 성공하기 위한 첫 번째 필수 조건이 좋은 동물이 되는 것임을 깨닫기 시작했다."

《무엇을 가르칠 것인가》

041 허버트 스펜서는 인생의 성공이 재산이나 지위보다 건강한 몸과 마음에서 출발한다고 말했습니다. 그는 인간도 자연의 일부이며, 조화롭고 균형 잡힌 삶이 지속 가능한 성공의 바탕이라고 보았습니다.

스펜서의 이러한 관점은 그의 사회진화론과 연결됩니다. 그는 찰스 다윈의 자연선택 개념을 사회에 적용하며, 신체적·정신적으로 건강한 사람이 사회적 경쟁에서도 유리하다고 주장했습니다. 그러나 그가 말한 '좋은 동물'은 본능에 따라 사는 동물을 뜻하는 게 아닙니다. 몸과 마음을 조화롭게 가꾸며 자연 속에서 어울려 살아가는 삶을 의미합니다.

몸이 건강하지 않으면 어떤 목표도 이루기 어렵습니다. 마음의 안정과 인간관계 역시 삶의 질을 결정하는 중요한 요소입니다. 규칙적인 운동, 충분한 수면, 균형 잡힌 식사는 기본이며, 감정 조절과 스트레스 관리도 필요합니다. 다른 동물처럼 협력하며 살아가는 태도는 인간다운 삶을 이루는 데 기여합니다.

현대 교육은 지적 능력 향상에는 집중하면서도 몸과 마음의 건강, 사회적 유대 형성에는 상대적으로 소홀한 경향이 있습니다. 많은 아이가 시험과 성적에 쫓겨 건강한 생활 습관을 배우지 못한 채 자라고 있습니다. 그러나 인간은 사람이기 이전에 동물입니다. 자연과 조화를 이루며 살아가는 법, 즉 스펜서가 말한 좋은 동물로서의 삶을 다시 돌아볼 필요가 있습니다.

하버드 성인 발달 연구에 따르면 건강하고 성공적인 삶의 핵심은 좋은 인간관계입니다. 가족, 친구, 배우자와의 관계는 돈이나 명성보다 더 큰 영향을 미쳤습니다. 몸과 마음이 건강해야 장수와 행복도 가능하다는 이 연구 결과는 스펜서의 생각과도 일치합니다.

오늘날 많은 사람이 경쟁과 성취에만 몰두하며 자신의 몸과 마음을 제대로 돌보지 못하고 있습니다. 그러나 불안과 외로움 위에 성공을 세울 수는 없습니다. 이제는 몸을 돌보고 감정을 다스리며 따뜻한 관계를 맺는 삶이 먼저입니다. 좋은 동물로 살아가는 길이야말로 가장 인간다운 삶의 출발점입니다.

◆

허버트 스펜서(1820~1903)는 영국의 철학자이자 사회학자로, 진화론을 사회와 윤리의 영역에 적용한 인물이다. 그는 사회도 생물처럼 점점 복잡하게 발전한다고 보았고, '적자생존'이라는 표현을 통해 경쟁 속에서 더 적응력이 뛰어난 집단이 살아남는다고 설명했다. 스펜서는 개인의 자유를 중시하며 국가의 간섭을 최소화해야 한다고 주장했고, 그의 사상은 자유방임주의와 사회진화론에 큰 영향을 주었다.

행복은 착하게 살다 보면 저절로 따라온다
러셀의 행복

> "내가 생각하는 좋은 삶은 행복한 삶이다. 착하게 살면 행복해진다는 말이 아니라 행복하게 살면 착해진다는 뜻이다."
>
> 《변화하는 세상을 위한 새로운 희망》

042 2014년 8월, 미국 플로리다의 드라이브스루 커피숍에서 특별한 일이 일어났습니다. 한 손님이 "뒤에 오는 사람의 음료값도 함께 내고 싶다"라고 말하며 선행을 시작했고, 이 온정의 릴레이는 11시간 동안 400명 이상에게 이어졌습니다.

이 릴레이를 시작한 첫 손님은 "오늘따라 기분이 좋아서 누군가에게 작은 선물을 하고 싶었다"라고 말했습니다. 행복한 감정이 선한 행동으로 이어졌고, 그 영향은 수많은 사람의 하루를 밝게 만들었습니다.

러셀은 "행복한 사람이 착한 사람이 된다"라고 말했습니다. 이 말은 '착하게 살기 위해 고통을 감수하고 자신을 희생해야 한다'는 전통적인 도덕 개념을 뒤집습니다. 윤리적인 삶은 먼저 스스로 충만함을 느끼는 행복에서 시작한다고 주장합니다.

러셀이 말한 행복은 순간적인 쾌락이 아니라 삶의 의미와 목적을 느끼는 깊이 있는 상태입니다. 이 상태는 타인을 향한 따뜻한 마음으로 자연스럽게 이어지며, 결국 선한 행동으로 나타납니다.

행복과 도덕성은 서로를 북돋습니다. 행복한 사람은 자연스럽게 친절을 베풀고, 그 친절은 다시 그 사람의 행복을 더 깊게 만듭니다. 긍정심리학에서는 이를 '긍정적 정서의 사회적 확산'이라고 설명합니다.

러셀은 '착하게 살려면 반드시 자신을 희생해야 한다'라는 믿음을 비판했습니다. 그는 오히려 자신의 행복을 먼저 돌보는 일이 중요하다고 강조했습니다. 여기서 말하는 행복은 이기적인 만족이 아니라 타인과 조화를 이루고 함께 나누며 깊어지는 감정입니다.

커피숍 사례는 행복이 선한 행동을 낳고, 그 행동이 다시 행복을 자라게 한다는 사실을 잘 보여 줍니다. 오늘 하루 동안 행복했던 순간을 떠올리고 그 감정을 누군가와 나누는 작은 실천을 해 보기를 바랍니다.

러셀이 말했듯, 행복은 선한 마음의 씨앗입니다. 지금 느끼는 작지만 진심 어린 행복이 더 따뜻한 세상을 여는 출발점이 되기를 바랍니다.

조급함을 내려놓을 때 보이는 것들
에픽테토스의 기다림

"아직 당신 차례가 오지 않았다면 욕심이 앞서지 않게 하라. 때가 무르익을 때까지 차분히 기다리라."

《엥케이리디온》

043 인스타그램에서 유명한 카페를 방문한 적이 있습니다. 오랜 기다림 끝에 주문을 했지만 음식은 쉽게 나오지 않았습니다. 처음에는 답답함을 느꼈지만, 주변을 둘러보니 다른 손님들은 여유롭게 공간의 분위기와 음악, 창밖 풍경을 즐기고 있었습니다. 조바심을 내려놓자 오히려 그 시간과 공간을 온전히 누릴 수 있었습니다. 서둘러 자리를 떴다면 이 특별한 경험을 놓쳤을지도 모릅니다. 이 경험은 일상 속에서 삶을 바라보는 시선에 대한 작은 깨달음을 주었습니다.

고대 스토아 철학자 에픽테토스는 《엥케이리디온》에서 "삶을 연회처럼 대하라"라고 말했습니다. 이는 단순한 비유가 아니라 삶의 태도에 대한 깊은 통찰입니다. 연회에서는 초대받은 손님처럼 행동해야 합니다. 음식이 오면 감사히 받고, 아직 오지 않았다면 조급해하지 않아야 합니다. 삶의 흐름을 억지로 통제하려 하지 않고, 자연스럽게 받아들이는 자세입니다.

에픽테토스의 연회 비유에는 두 가지 핵심이 담겨 있습니다. 첫째는 오지 않은 것을 탐하지 않는 태도입니다. 많은 일이 우리의 뜻대로 되지 않습니다. 기회와 성취는 저마다의 때가 있으며, 이를

나의 철학 노트

억지로 앞당기려 하면 오히려 스스로를 괴롭히게 됩니다. 둘째는 지나간 일에 연연하지 않는 자세입니다. 연회에서 이미 지나간 음식은 다시 오지 않듯, 과거의 실수나 상실에 집착하면 현재를 놓치게 됩니다.

스티브 잡스가 2005년 스탠퍼드 대학 졸업식 연설에서 언급한 '점들의 연결' 개념도 이와 닿아 있습니다. 그는 우리가 살면서 겪는 많은 순간이 처음에는 아무 의미 없어 보이지만, 시간이 흐르면 그 의미가 드러난다고 말했습니다. 대학 시절 배운 캘리그래피 수업이 훗날 매킨토시의 아름다운 글꼴과 인터페이스에 결정적인 영향을 주었던 일화는 이를 잘 보여 줍니다.

에픽테토스의 연회 비유와 잡스의 메시지는 같은 가르침을 전합니다. 지금 이 순간을 충분히 음미하고, 오지 않은 것에 조급해하지 않으며, 지나간 일에 매이지 않을 때 삶의 진정한 흐름에 참여할 수 있다는 것입니다. 그 안에서 평온과 성장, 그리고 자신만의 의미를 발견하게 됩니다.

◆
에픽테토스(50?~135?)는 고대 로마의 스토아 철학자로, 노예 출신이었지만 자유인의 철학을 설파한 인물이다. 그는 외부 조건이 아니라 자신의 판단과 태도에 따라 삶의 평온이 결정된다고 보았으며, 우리가 통제할 수 있는 것과 없는 것을 구분하는 지혜를 강조했다.

부와 행복은 비례하지 않는다
레이어드의 상대적 박탈감

> "TV를 많이 볼수록 사람들은 남들이 더 잘산다고 착각하게 된다. 그러다 보니 자신의 처지는 더욱 초라하게 여긴다. 결국 불행해질 수밖에 없는 것이다."
>
> 《행복의 함정》

044 오랜만에 친구들과 만났습니다. 한 친구는 해외여행 사진을 보여 주었고, 다른 친구는 좋은 회사로 이직하며 새 차를 장만했다고 말했습니다. 순간 '다들 이렇게 여유롭게 잘 사는데 나만 제자리걸음이네'라는 생각이 들었습니다. 이런 감정은 낯설지 않습니다. 우리는 미디어가 보여 주는 화려한 삶의 단편들을 타인의 온전한 현실로 받아들이고, 그들의 삶을 과대평가하며, 자신을 초라하게 여기는 실수를 자주 합니다.

영국의 경제학자이자 철학자인 리처드 레이어드는 이러한 현상을 '상대적 박탈감'이라는 개념으로 설명합니다. 그의 연구는 흥미로운 역설을 보여 줍니다. 생존이 위협받는 극심한 빈곤 상태에서는 소득 증가가 행복에 직접적인 영향을 미치지만, 기본적인 생활 필요가 충족된 이후에는 부의 증가와 행복 사이의 상관관계가 급격히 약해진다는 사실입니다. 즉, 일정 수준 이상의 물질적 풍요는 더 이상 행복의 지속적인 증가로 이어지지 않습니다.

레이어드는 행복이 감소하는 이유를 세 가지로 설명합니다. 첫째는 끊임없는 비교입니다. 미디어에 등장하는 편집된 삶을 기준으로 현실을 판단하므로 인해 만족감이 줄어듭니다. 둘째는 적응

효과입니다. 사람은 변화에 빠르게 익숙해지고 목표를 이루어도 금세 그 만족에 둔감해집니다. 결국 더 높은 목표를 추구하게 되며, 행복은 계속 멀어지게 됩니다. 셋째는 삶의 중요한 가치를 소홀히 하는 태도입니다. 부와 성공을 좇는 과정에서 가족과의 시간, 친구와의 교류, 건강, 개인적 성장이 뒷전으로 밀려납니다. 이러한 요소가 결여되면 내면은 공허해질 수밖에 없습니다.

레이어드는 "행복은 실타래처럼 여러 요소가 복잡하게 얽혀 이루어지는 경험"이라고 말했습니다. 이는 행복이 단일한 조건으로 완성되는 것이 아니라 다양한 요소가 유기적으로 연결된 복합적 상태임을 의미합니다.

경제적 안정은 이 실타래의 중요한 한 가닥입니다. 기본적인 생존 필요를 충족하지 못한다면 다른 측면의 행복을 추구하기 어렵기 때문입니다. 그러나 진정한 행복을 완성하려면 의미 있는 인간관계, 지속적인 성장과 배움, 신체적·정신적 건강, 자아실현과 같은 요소들이 조화롭게 발전해야 합니다.

◆
리처드 레이어드(1934~)는 영국의 경제학자이자 '행복 경제학'의 선구자로, 삶의 질을 소득이 아닌 행복을 중심으로 측정해야 한다고 주장한 인물이다. 그는 소득이 일정 수준을 넘으면 더 이상 행복에 큰 영향을 주지 않으며, 좋은 인간관계·정신 건강·일의 의미 같은 요소들이 더 중요하다고 보았다

◆

필로소피 TO DO LIST

"아직 당신 차례가 오지 않았다면, 욕심이 앞서지 않게 하라.
때가 무르익을 때까지 차분히 기다리라."

《엥케이리디온》

인내심을 갖기 위한 TO DO LIST

☐ _____

☐ _____

☐ _____

☐ _____

☐ _____

☐ _____

☐ _____

☐ _____

필로소피 다이어리

공감 가는 철학자의 말을 쓰고, 어떤 느낌과 생각이 드는지 정리해 보세요.

삶의 지루함을 극복하는 법
니체의 자기 극복

"늘 보던 것들에 싫증이 나면 더 이상 원하지 않게 된다. 다시 그 아름다움을 보려면 자기 자신과 그것을 보는 시선을 바꿔야 한다."

《즐거운 지식》

045 며칠 동안 고민 끝에 장바구니에 담아 두었던 새 옷을 주문하고, 택배 상자를 열었을 때의 설렘은 누구에게나 익숙한 경험입니다. 그러나 시간이 지나면 그 설렘은 사라지고, 한때 소중하게 여겼던 물건도 일상의 일부로 바뀌게 됩니다. 이 현상은 반복적으로 나타납니다.

니체는 "소유물을 너무 오래 바라보면 더 이상 그것을 원하지 않게 된다"라고 말했습니다. 간절히 바라던 것을 손에 넣으면 욕망은 사라지고, 감정은 무뎌집니다. 이는 단순한 소비의 문제가 아니라 인간 본성에 대한 통찰입니다. 사람은 익숙함에 쉽게 지루함을 느끼고 설렘을 잃기 쉬운 존재입니다.

니체는 이러한 권태에서 벗어나기 위해 자신과 자신의 시선을 바꾸어야 한다고 말합니다. 삶이 지루하게 느껴질 때 그 원인은 외부 환경이 아니라 변하지 않은 자기 자신일 수 있습니다. 새로운 자극을 찾기보다는 익숙한 것을 새롭게 바라보려는 태도가 필요합니다.

니체의 '영원회귀' 사상은 지금 이 순간이 무한히 반복되어도 좋을 만큼 충만하게 살아야 한다는 삶의 태도를 강조합니다. 이는 단순한 반복이 아니라 현재의 삶을 전적으로 긍정하고 받아들이려는 의지를 뜻합니다. 권태는 삶이 의미 없이 흘러간다고 느낄 때 생기며, 이는 자기 인식과 관점의 부재에서 비롯됩니다.

'운명애(Amor Fati)'는 우연과 고통을 포함한 삶 전체를 사랑하려는 자세입니다. 삶에서 주어지는 모든 경험을 원망하지 않고 기꺼이 받아들일 때, 우리는 삶을 견디는 것이 아니라 적극적으로 살아가게 됩니다. 운명애는 삶을 있는 그대로 존중하려는 마음에서 비롯됩니다.

니체가 말한 자기 극복은 외적인 성공을 추구하는 자기계발이 아닙니다. 자신의 내면을 직시하고, 그 한계를 자각한 뒤 그것을 넘어서는 창조적 노력입니다. 지루함은 반복 때문이 아니라 익숙한 것을 새롭게 보지 못한 데서 비롯됩니다.

같은 길을 걸어도 어떤 사람은 반복이라 여기고, 어떤 사람은 그 속에서 새로운 감동을 발견합니다. 니체는 이 차이가 사물 자체가 아니라 그것을 바라보는 태도에서 비롯된다고 설명합니다. 삶의 의미는 외부의 변화보다는 삶을 대하는 자신의 태도에서 시작한다는 걸 기억해 보세요.

더 나은 삶을 위한 필로소피 만다라트

마음에 남은 철학자의 문장을 중심에 두고, 각 칸에 떠오른 생각이나 바꾸고
싶은 태도를 적어 보세요.

	철학자의 문장	

4장

나도 나를 모르기에 관계가 어렵다

| 좋은 관계를 위한 철학 노트 |

사랑은 감정이 아니라 선택이다
프롬의 사랑의 기술

"'사랑에 빠지는 것'이 아니라 '사랑 안에 발을 딛고 굳게 서는 것'이다."

《사랑의 기술》

많은 사람이 "사랑에 빠진다"라는 표현을 씁니다. 이는 사랑을 예고 없이 밀려오는 감정의 파도처럼 받아들이는 시각을 반영합니다.

하지만 에리히 프롬은 사랑을 운명적인 만남이나 순간적인 설렘으로 보지 않았습니다. 그는 사랑을 책임 있는 선택이자, 지속적으로 가꾸어 나가는 여정으로 바라보았습니다. 또한, 단순한 감정이나 본능에서 벗어나 우리가 배우고 연마해야 할 기술로 보았습니다. 화가가 붓을 다루고 음악가가 악기와 조화를 이루듯, 사랑 역시 지속적인 정성과 노력이 필요한 과정입니다.

프롬은 사랑의 네 가지 근본 요소로 배려(care), 책임(responsibility), 존경(respect), 이해(knowledge)를 제시했습니다. 이는 사랑이 상대를 존중하고 이해하며 책임을 다하는 성숙한 태도임을 보여 줍니다.

진정한 사랑은 상대의 행복을 바라는 마음에서 시작합니다. 프롬이 말하는 책임은 의무감보다는 자발적으로 관심과 정성을 기울이는 태도입니다. 존경은 상대를 있는 그대로 받아들이고, 그의 개성과 자유를 인정하는 것입니다. 사랑이 진정한 의미를 가지려면 상대를 깊이 이해하려는 노력이 필요합니다.

나의 철학 노트

심리학자 존 가트맨은 건강한 관계의 핵심이 능동적 노력과 헌신에 있다고 해ㅛ습니다. 그의 연구에 따르면, 행복한 부부는 일상에서 따뜻한 칭찬, 경청, 감사 표현 같은 작은 실천을 지속합니다. 또한 긍정적 상호작용과 부정적 상호작용의 비율이 5:1일 때 관계가 안정적이라는 매직 비율을 제시합니다.

또한, 심리학자 바버라 프레드릭슨의 이론은 사랑이 단순한 감정이 아니라 우리의 사고와 행동을 넓히고 심리적, 신체적, 사회적 자원을 구축하는 데 기여함을 설명합니다. 긍정적인 분위기는 창의적 아이디어를 촉진하고, 감사와 이해의 표현은 갈등을 완화합니다.

프롬이 말하는 사랑은 단순한 설렘이나 감정적 상태를 넘어섭니다. 그는 사랑을 성숙한 관계를 위한 능동적인 행위로 정의하며, 의식적인 노력이 필요하다고 강조했습니다.

사랑은 거창한 이벤트가 아닙니다. 하루에 한 번이라도 상대의 이야기에 귀 기울이고, 감사의 말을 전하며, 따뜻한 손길을 내미는 것에서 시작합니다.

◆

에리히 프롬(1900~1980)은 독일 출신의 심리학자이자 철학자로, 자유와 사랑, 자아에 대해 탐구한 사상가다. 그는 사람들이 자유를 두려워해 권위에 기대려는 성향을 지적했고, 사랑은 배워야 할 능력이라고 보았다. 프롬은 자본주의 사회에서 진정한 자아를 되찾는 길을 제시하며 성숙한 인간으로 사는 법을 고민했다.

삶의 중심을 잃지 않기 위해 해야 할 질문
틸리히의 궁극적 관심사

"우상 숭배란 (···) 유한한 것에 무한한 의미를 부여하는 것을 말한다."

《조직신학》

047 우리는 삶에서 가장 소중한 것이 무엇이냐는 질문에 가족, 사랑, 성공, 건강 같은 대답을 자연스럽게 떠올립니다. 이러한 가치들이 우리 삶에 중요한 역할을 하는 것은 분명합니다. 그러나 잠시 멈추어 생각해 볼 필요가 있습니다. 이것들이 정말 삶의 궁극적 의미가 될 수 있을까요? 만약 성공만이 내 존재의 이유라면, 실패는 곧 존재 가치 자체를 무너뜨리는 일이 되지 않겠습니까?

신학자 폴 틸리히는 사람들이 유한하고 일시적인 것들에 지나친 가치를 부여한다고 말합니다. 외모, 명예, 돈과 같은 유한한 대상에 집착할 때 그것들은 삶의 절대적인 기준이 됩니다. 그러나 이 기준들은 시간이 지나면 반드시 사라지며, 결국 남는 것은 공허함뿐입니다.

우상 숭배는 단지 고대 신전 속 이야기만이 아닙니다. 오늘날에도 우상 숭배는 일상 곳곳에 숨어 있습니다. 일시적인 것을 절대적인 것으로 여기거나, 사람의 일부분만 보고 전체를 판단하는 태도는 우상 숭배의 한 형태입니다. 본질적으로 사라질 수밖에 없는 것에 영원한 가치를 부여하는 행위는 우리를 불안과 비교, 결핍으로 이끕니다.

그렇다면 무엇을 삶의 중심에 두어야 할까요? 틸리히는 '궁극적 관심사'를 찾으라고 조언합니다. 이는 어떤 상황에서도 흔들리지 않는 삶의 깊은 의미를 말합니다. 날씨가 어떻든, 성공하든 실패하든 그 모든 조건을 넘어 나를 지탱하는 근원적 가치를 뜻합니다. 어떤 이에게는 종교적 신념일 수 있고, 또 다른 이에게는 인류를 향한 사랑이나 진리의 추구가 될 수도 있습니다.

이러한 중심을 찾기 위해 "지금 나는 무엇에 집착하고 있는가?", "그것은 삶의 본질적인 가치인가?" 하며 스스로에게 질문해야 합니다. 하루 몇 분이라도 조용히 내면을 들여다보며 삶의 방향을 되묻는 시간이 필요합니다.

삶의 중심이 분명하고 단단하면 세상의 덧없는 변화와 시간의 흐름 속에서도 흔들림 없는 삶을 살아갈 수 있습니다. 나이가 들어도, 건강을 잃어도, 사회적 지위가 달라져도 중심은 유지됩니다. 지금 당신은 무엇을 삶의 중심에 두고 있습니까? 이 물음은 삶의 방향을 바로 세우기 위해 반드시 마주해야 할 내면의 질문입니다.

◆

폴 틸리히(1886~1965)는 독일 출신의 신학자이자 철학자로, 인간의 불안과 존재의 의미를 깊이 탐구한 사상가다. 그는 신을 '궁극적인 관심의 대상'이라 정의하며, 신앙을 삶의 중심을 찾는 행위로 보았다.

예술은 때때로 삶보다 오래 남는다
콘래드의 예술

> "우리는 그 먼 길을 갈 힘이 있을까 의심하며, 예술의 목적에 대해 별로 말하지 않는다. 삶 그 자체처럼 가슴 뛰게 하면서도 어려운, 안개 속에 가려진 그 목적에 대해서 말이다."
>
> 《나르시서스호의 검둥이》

048 빈센트 반 고흐의 〈별이 빛나는 밤〉을 본 적이 있습니까? 이 그림은 인간의 고독과 열망, 우주 속에서 자신의 의미를 찾으려는 몸부림을 시각적으로 표현한 작품입니다. 고흐가 붓으로 그려 낸 소용돌이치는 하늘은 그의 불안한 내면세계와 삶에 대한 뜨거운 갈망이 고스란히 투영된 결과입니다.

조셉 콘래드는 "예술의 길은 멀고 인생은 짧다"라고 말했습니다. 그는 인간 존재와 삶의 복잡성을 깊이 탐구한 작가입니다. 이 말은 예술가뿐 아니라 모든 인간이 마주하는 인생의 의미에 대한 근원적인 질문을 담고 있습니다.

콘래드의 《어둠의 심연》을 떠올려 보면, 주인공 말로우가 콩고 강을 거슬러 올라가는 여정은 단순한 물리적 여행이 아닙니다. 그것은 인간 내면의 어둠과 복잡함을 향한 탐험입니다. 우리가 아침에 거울을 보며 자신의 눈동자에서 발견하는 복잡한 감정들, 때로는 자신에게조차 인정하기 어려운 내면의 갈등들처럼, 콘래드는 인간 본성의 미로를 문학이라는 배를 타고 탐험합니다.

현대 사회는 빠른 속도와 효율을 중시합니다. 이메일은 즉각 답해야 하고, 모든 결과는 가시적으로 드러나야 합니다. 그러나 이러한 속도의 철학은 깊은 의미와 진정한 성취를 방해하기도 합니다. 피아니스트가 단순히 빠르게 건반을 두드리는 데만 집중한다면 음표 사이의 감정과 음악이 전하는 깊은 울림은 사라지고 맙니다.

예술은 단순한 장식이나 여가 활동이 아닙니다. 예술은 삶의 복잡함을 비추는 거울이며, 우리 내면의 풍경을 탐험하게 하는 나침반입니다. 저녁 퇴근길에 들려오는 음악 한 곡, 침대 옆 테이블에 놓인 소설 한 권은 단순한 시간 때우기가 아니라 더 깊은 의미를 향한 초대장입니다.

콘래드의 말처럼 예술의 목적은 안개 속에 가려져 있을지 모릅니다. 그러나 그 안개 속으로 걸어 들어가는 용기, 불확실함을 안고도 계속해서 질문을 던지는 과정 자체가 우리 삶을 더 풍요롭고 의미 있게 만듭니다. 예술은 삶을 설명하지 않을지라도, 우리가 삶을 더 넓게 느끼고 진심으로 살아가게 하는 힘이 됩니다.

◆

조셉 콘래드(1857~1924)는 폴란드 출신의 영국 소설가로, 인간의 내면과 제국주의의 모순을 깊이 있게 그려 낸 작가다. 영어가 모국어가 아니었지만 정교한 문체와 강렬한 서사로 주목받았고, 대표작 《어둠의 심연》에서는 식민지 현실 속 인간 본성과 문명의 경계를 탐색했다.

철학자의 문장 필사하기

"'사랑에 빠지는 것'이 아니라 '사랑 안에 발을 딛고 굳게 서는 것'이다."

《사랑의 기술》

"우리는 그 먼 길을 갈 힘이 있을까 의심하며, 예술의 목적에 대해 별로 말하지 않는다. 삶 그 자체처럼 가슴 뛰게 하면서도 어려운, 안개 속에 가려진 그 목적에 대해서 말이다."

《나르시서스호의 검둥이》

◆

필로소피 다이어리

공감 가는 철학자의 말을 쓰고, 어떤 느낌과 생각이 드는지 정리해 보세요.

말이 흐트러지면 삶도 무너진다
벤야민의 언어

"말이 헛된 수다로 타락하면, 사물의 참된 의미도 어리석음 속에 묻히고 만다."
《언어 일반과 인간의 언어에 대하여》

049 매일 우리는 셀 수 없이 많은 대화를 나눕니다. 하지만 이 말들이 그저 습관처럼 오가거나 피상적인 이야기로만 채워질 때, 우리의 생각과 세상을 바라보는 시선은 점점 얕아질 수 있습니다.

독일 사상가 발터 벤야민은 언어의 흐려짐이 단순한 표현 방식의 문제를 넘어선다고 보았습니다. 언어는 세상을 들여다보는 창이자, 사고를 구성하는 뼈대이며, 현실을 인식하는 근본적인 재료입니다. 말이 공허해지면 사고도 얕아지고 세상을 이해하는 깊이도 줄어듭니다.

벤야민에게 언어는 단순한 도구가 아니었습니다. 그는 언어를 인간과 세계를 잇는 신비로운 연결고리로 보았습니다. 성경에서 아담이 동물에게 이름을 붙이던 장면을 떠올려 보세요. 벤야민은 그것을 단순한 명명이 아니라 존재를 인식하고 받아들이는 경이로운 행위로 해석했습니다.

그렇다면 지금 우리의 언어는 어떤 모습일까요? 출근길 스마트폰 화면에 넘쳐나는 광고 문구들을 떠올려 보세요. '혁신적인', '획기적인', '최고의' 같은 표현들이 반복되지만, 그 안에 담긴 실질은 흐릿합니다. 감정과 욕망을 자극하는 말들은 제품의 본질보다 과장의 효과에 기대고 있습니다. "이 화장품은 당신의 인생을 바꿀 것입니다"라는 말은, 실상 무엇을 말하고 있는 걸까요? 언어는 점점 진실을 담기보다는 환상을 만드는 도구가 되어 가고 있습니다.

벤야민은 우리에게 "지금 우리가 쓰는 말은 진실을 드러내고 있는가, 아니면 그저 소음만 더하고 있는가?"라고 묻습니다. 이 질문은 단지 말투에 관한 것이 아닙니다. 말은 우리가 세상을 느끼고, 타인과 연결되고, 자신을 이해하는 방식을 결정합니다. 말이 가벼워질수록 삶도 쉽게 얕아질 수 있습니다. 지금 이 순간, 우리는 어떤 말을 고르고 어떤 문장으로 스스로를 표현하고 있는지 조용히 돌아볼 때입니다.

◆
발터 벤야민(1892~1940)은 독일의 철학자이자 문예비평가로, 일상 속 예술과 역사, 기억의 방식을 새롭게 바라본 인물이다. 그는 사진과 영화처럼 복제 가능한 예술이 전통 예술과는 다른 감동을 주며, 사람들의 인식도 바꾼다고 설명했다. 또한 역사는 앞만 보고 나아가는 것이 아니라 잊힌 사람들의 삶과 흔적까지 함께 돌아봐야 한다고 강조했다. 벤야민은 사소해 보이는 장면들 속에서 중요한 의미를 찾아냈고, 지금도 사람들에게 새로운 시선을 일깨워 준다.

내 욕망이 진짜 내 것이 아닐 수도 있다
지라르의 모방 욕망

"경쟁은 우연히 두 욕망이 한 대상에 겹쳐서 발생하는 것이 아니다. 오히려 주체가 그 대상을 욕망하는 이유는 경쟁자가 그 대상을 욕망하기 때문이다."

《폭력과 성스러움》

050 대부분의 사람은 자신의 욕망이 스스로 선택한 것이라고 믿습니다. 예를 들어, 유명 맛집을 찾아가거나 특정 브랜드의 옷을 고를 때 그것이 본인의 취향이라고 생각합니다. 그러나 프랑스 철학자 르네 지라르는 이러한 믿음을 근본부터 의심합니다. 그에 따르면 인간의 욕망은 자발적인 것이 아니라 타인의 욕망을 모방한 결과입니다.

지라르는 생존을 위한 '필요'와 사회적 맥락 속에서 형성되는 '욕망'을 구분합니다. 갈증을 해소하기 위해 물을 마시는 것은 필요에서 비롯되지만, 특정 브랜드의 생수를 고집하는 태도는 주변 사람들의 선택을 모방한 것일 수 있습니다. 인간은 스스로 대상을 욕망하는 것이 아니라 그 대상을 욕망하는 타인을 따라 배우며 욕망을 형성한다는 것입니다.

이 과정을 지라르는 '욕망의 삼각형'으로 설명합니다. 이 삼각형에는 욕망하는 주체, 모방 대상인 타인, 그리고 욕망의 대상이 포함됩니다. 예를 들어 친구의 승진을 부러워할 때, 단순히 직위나 급여보다 그가 누리는 사회적 인정과 지위를 욕망하는 경우가 많습니다. 즉, 우리는 대상을 직접 욕망하는 게 아니라 그 대상을 욕망하는 타인의 태도를 모방하는 것입니다. 이 구조는 경쟁과 갈등으로 이어지기 쉽습니다. 동일한 대상을 욕망하는 사람들이 많아질수록 긴장과 충돌이 커지기 때문입니다.

지라르는 이러한 갈등이 극단으로 치달으면 사회가 '희생양 메커니즘'을 작동한다고 보았습니다. 집단의 불안과 긴장을 해소하기 위해 특정 개인이나 소수 집단을 문제의 원인으로 몰아가고, 폭력을 집중함으로써 일시적인 질서를 회복하려는 것입니다.

가장 극단적인 사례는 나치 독일의 유대인 학살입니다. 제1차 세계대전 이후 독일은 경제 위기와 정치적 혼란을 겪었고, 나치 정권은 유대인을 국가적 위기의 원흉으로 지목했습니다. 유대인의 사회적 영향력을 과장하고 음모론을 퍼뜨리며 대중의 불안을 외부 집단에 투사하게 만든 결과, 집단적 폭력이 정당화되었고 비극적인 역사로 이어졌습니다.

"지금 내가 욕망하는 것은 진정 내면에서 비롯된 것인가, 아니면 누군가의 욕망을 무심코 따라한 결과는 아닌가?" 이 구조를 인식하고 나만의 욕망을 성찰할 수 있을 때 비교와 경쟁에서 벗어나 보다 주체적인 삶을 선택할 수 있습니다. 욕망을 이해하는 일이야말로 자기 삶을 다시 쓰는 출발점이 될 수 있습니다.

◆

르네 지라르(1923~2015)는 프랑스 출신의 문학평론가이자 인류학자, 종교이론가로, 인간 욕망과 폭력, 희생의 메커니즘을 독창적으로 설명한 사상가다. 그는 인간의 욕망이 자율적인 것이 아니라 타인의 욕망을 따라하는 '모방 욕망'에서 비롯된다고 보았고, 이로 인한 갈등이 희생양을 만드는 구조로 이어진다고 분석했다.

불행이 시작되는 진짜 출발점
파스칼의 고독

"고요한 방에 홀로 앉아 있지 못하는 것, 거기서 인간의 모든 불행이 시작된다."

《팡세》

051 최근 조용한 방에 홀로 앉아 가만히 있어 본 적이 있나요? 휴대폰 알림도, 주변 소음도 없이 오직 자신의 생각에만 집중했던 시간을 떠올려 보세요. 현대인은 고요함을 견디기 어려워합니다. 습관처럼 텔레비전을 켜고, 휴대폰을 들여다보고, 누군가에게 메시지를 보냅니다. 잠깐의 침묵조차 불편하게 느껴지는 것입니다.

수백 년 전 블레즈 파스칼은 이런 인간의 본성을 꿰뚫어 보았습니다. 그는 "고요한 방에 홀로 앉아 있지 못하는 것, 거기서 인간의 모든 불행이 시작된다"라고 말했습니다. 파스칼에 따르면 인간은 불안과 공허에서 벗어나기 위해 끊임없이 외부 자극을 찾습니다. 혼자 있는 시간을 피하려고 사람들은 즐거움을 좇고 대화를 나누며, 때로는 다툼으로 침묵을 깨려 합니다.

2014년 버지니아 대학교에서 진행된 실험은 파스칼의 통찰을 과학적으로 확인해 줍니다. 연구진은 참가자들에게 아무것도 하지 않고 15분 동안 조용히 앉아 있도록 요청했습니다. 그 시간이 견디기 어렵다면 전기 충격을 받게 해도 좋다고 말했죠. 놀랍게도 많은 이가 차라리 전기 충격을 받겠다고 했습니다. 단지 '생각하는 것'만으로도 불편함을 느낀 것입니다.

파스칼은 그 불편함에서 도망치지 말고 정면으로 마주하라고 말합니다. 고요함 속에서 내면의 혼란과 마주할 때 비로소 진정한 성찰과 변화가 시작된다는 것입니다. 그는 고요함을 단순한 정적이 아니라 자신을 비추는 거울로 보았습니다.

고요를 삶 속에 초대하는 방법은 어렵지 않습니다. 매일 같은 시간에 산책을 하거나 하루를 마무리하며 감정을 가만히 들여다보는 겁니다. 아무 말도 하지 않고 그저 창밖을 바라보는 시간도 좋습니다. 노자도 《도덕경》에서 "뿌리로 돌아가는 것을 고요함이라 말하니 그것은 순리를 따르는 것이다"라고 했습니다.

오늘 단 5분만이라도 스마트폰을 내려놓고 고요한 방에서 자신의 생각과 마주하는 시간을 가져 보는 것은 어떻습니까?

◆

블레즈 파스칼(1623~1662)은 프랑스의 수학자이자 물리학자, 철학자였으며, 인간 이성과 신앙 사이의 긴장을 깊이 사유한 인물이다. 특히 '파스칼의 내기'는 신이 존재할 가능성에 걸어보는 태도가 합리적 선택이라는 독특한 논증으로 유명하다. 과학과 신앙, 회의와 확신 사이에서 그는 인간 존재의 깊이를 통찰한 사상가로 평가받는다.

뜻대로 되지 않는 나를 인정하라

쇼펜하우어의 욕망

"인간은 자신이 의지하는 것을 실행할 수 있지만, 없던 의지를 만들 수는 없다."

《의지와 표상으로서의 세계》

052 아침에 눈을 뜨면 우리는 어떤 옷을 입을지, 무슨 음악을 들을지 고민하고 선택합니다. 매 순간 선택하며 살아가지만, 과연 이 모든 결정이 진정한 자유의지에서 비롯된 것일까요? 철학자 아르투어 쇼펜하우어는 이에 대해 깊은 의문을 던집니다.

쇼펜하우어는 흥미로운 관점을 제시합니다. 우리가 어떤 행동을 자유롭게 선택할 수 있지만, 그 행동을 '원하게 되는 마음' 자체는 스스로 만들어 낼 수는 없다는 것입니다. 아침에 커피가 당기는 이유는 무엇일까요? 어쩌면 카페인에 익숙해진 몸 때문일 수도 있고, 전날 잠을 충분히 자지 못해서일 수도 있습니다. 아니면 단순한 습관일 수도 있습니다.

쇼펜하우어가 말하는 '의지'는 단순한 결심이나 의도가 아닙니다. 그것은 우리의 의식보다 더 깊은 곳에서 작동하는 생존 본능과 같은 것입니다. 배가 고프면 음식을 찾고 외로움을 느끼면 사람들과 어울리고 싶어지는 것처럼, 인간의 기본적인 욕구는 이미 우리 안에 내장되어 있는 것입니다.

그렇다면 우리는 그저 이런 욕구와 본능에 끌려다니는 존재일까요? 쇼펜하우어는 그렇지 않다고 말합니다. 그는 우리가 무의식적인 욕망의 흐름을 인식하고 이해하려고 노력한다면, 그 영향에서 조금씩 벗어날 수 있다고 봅니다. 무언가를 강하게 원할 때마다 잠시 멈춰 "이 욕구는 어디서 비롯되었을까?", "이것이 정말 내가 바라는 것일까?"라고 자신에게 물어보는 연습이 필요합니다. 자신의 마음을 들여다보는 습관을 들이면 욕구에 휩쓸리지 않고 더 의식적인 선택을 할 수 있게 됩니다.

진정한 자유는 모든 욕망을 없애는 데 있는 것이 아니라 그 욕망이 어디서 오는지를 이해하고 스스로 선택할 수 있는 힘을 기르는 데 있습니다. 지금 이 순간 떠오르는 욕망 하나를 천천히 바라보는 것부터 시작해 보세요. 그 작고 조용한 질문이 더 자유로운 삶의 방향을 열어 줄지도 모릅니다.

◆

아르투어 쇼펜하우어(1788~1860)는 독일의 철학자로, 인간 존재의 근원을 '의지'로 본 비관주의 철학의 대표적인 사상가다. 그는 이성이 아니라 맹목적인 의지가 세계를 움직인다고 보았고, 인간의 삶은 끊임없는 욕망과 결핍 속에서 고통을 반복한다고 주장했다. 그러나 예술과 철학, 자비의 실천을 통해 일시적으로나마 의지의 지배에서 벗어날 수 있다고 보았다. 쇼펜하우어의 사상은 니체, 프로이트, 톨스토이 등 후대 사상가와 작가들에게 깊은 영향을 주었다.

안락함 대신 성장을 택하라

밀의 즐거움

"배부른 돼지보다는 배고픈 인간이 낫고, 배부른 바보보다는 배고픈 소크라테스가 낫다."

《공리주의》

053 항상 배부르고 편안한 돼지처럼 살고 싶습니까, 아니면 결핍과 고통 속에서도 진리를 추구하는 소크라테스처럼 살고 싶습니까? 존 스튜어트 밀은 이 비유를 통해 행복이 무엇인지를 다시 생각하게 합니다.

밀은 《공리주의》에서 두 가지 종류의 행복을 구분합니다. 하나는 먹고 쉬며 편안함을 누리는 쾌락이고, 다른 하나는 지식을 쌓고 예술을 즐기며 깊이 있는 대화를 나누는 기쁨입니다. 인간은 단순한 안락함보다 더 높은 차원의 만족을 추구할 수 있으며, 그렇게 살아야 한다고 말합니다.

공리주의는 즐거움과 고통을 기준 삼아 행위의 옳고 그름을 판단하려는 철학입니다. 같은 공리주의자인 벤담은 모든 즐거움을 같은 기준으로 보고 양을 계산하려 했습니다. 맛있는 음식을 먹는 일과 훌륭한 책을 읽는 일이 동일한 가치로 평가될 수 있다는 관점이었습니다. 반면, 밀은 단순한 감각적 즐거움보다 사고와 성찰에서 나오는 기쁨이 훨씬 더 깊고 고귀하다고 강조했습니다. "배부른 돼지보다 배고픈 소크라테스가 낫다"라는 그의 말은 그런 생각을 잘 보여 줍니다.

이 차이는 우리가 어떤 삶을 선택하느냐의 문제와 맞닿아 있습니다. 벤담은 당장의 즐거움을 최대화하려 했고, 밀은 더 지속적이고 본질적인 만족을 좇았습니다. 오늘날처럼 빠르게 소비하고 자극에 익숙해진 시대일수록 어떤 방향을 선택하느냐는 더욱 중요해집니다.

풍요 속에서도 허전함이 가시지 않는 이유는 단지 누리는 즐거움이 부족해서가 아니라 그 깊이가 얕기 때문입니다. 지금 이 순간, 스스로 가치 있다고 믿는 경험과 생각을 조금씩 쌓아 간다면 삶은 더 단단하고 충만해질 수 있습니다.

◆

존 스튜어트 밀(1806~1873)은 영국의 철학자이자 경제학자로, 자유주의와 공리주의를 발전시킨 대표적 사상가다. 그는 개인의 자유를 최대한 존중해야 한다고 보았으며, 타인에게 해를 끼치지 않는 한 개인의 선택은 보호받아야 한다고 주장했다. 《자유론》에서 표현의 자유와 다양성의 중요성을 강조했고, 《공리주의》에서는 최대 다수의 최대 행복이라는 원칙에 도덕의 기준을 두었다.

우리가 공감을 강조하는 이유
쇼펜하우어의 연민

"동물에 공감하는 마음은 선한 인격과 매우 가깝다. 동물에게 잔인한 사람은 결단코 선한 사람일 수 없다고 단언할 수 있다."

《도덕의 기초에 관하여》

054 길거리에서 떨고 있는 강아지를 보면 어떤 마음이 드나요? 그냥 지나치나요, 아니면 잠시 멈춰 서서 손을 내밀고 싶어지나요? 쇼펜하우어는 우리가 얼마나 선한 사람인지는 동물을 대하는 태도에서 가장 잘 드러난다고 말했습니다. 왜일까요? 동물은 우리에게 똑같은 정도로 보답하지 않고 칭찬이나 인정도 주지 않습니다. 그렇기 때문에 동물에게 베푸는 친절은 가장 순수한 형태의 선함이라고 할 수 있습니다.

쇼펜하우어는 도덕의 중심에 '연민'을 두었습니다. 연민이란 타인의 고통을 자신의 고통처럼 느끼는 마음입니다. 배고픈 사람을 보면 괜히 내 마음도 허전해지고, 다친 동물을 보면 가슴이 먹먹해지는 감정, 그것이 연민입니다.

그는 모든 생명체가 '의지'라는 근원적 힘에 따라 살아간다고 보았습니다. 배고픔, 두려움, 인정받고 싶은 마음은 모두 이 의지의 발현입니다. 인간이라면 끊임없이 욕망을 좇지만, 연민을 통해 타인의 고통에 귀 기울이는 순간 욕망의 반복에서 벗어날 가능성을 갖게 됩니다.

비슷한 생각이 동양 철학에도 나타납니다. 맹자는 제나라 선왕

나의 철학 노트

이 도살장으로 끌려가던 소를 보고 가엾게 여겨 양으로 바꾸게 했던 일화를 통해, 도덕이 공감에서 시작한다고 말합니다. 쇼펜하우어 역시 동물과의 관계 속에서 공감이 자라고, 그것이 인간적인 삶의 기반이 된다고 보았습니다.

오늘날 동물 학대, 환경 파괴, 혐오와 갈등 같은 문제들 역시 공감 부족에서 비롯됩니다. 여러 연구에 따르면 동물에게 무관심한 사람일수록 타인에 대한 공감 능력도 낮은 경향을 보입니다. 반면, 동물과 깊이 교감하는 사람은 타인의 고통에도 더 민감하며, 더 건강한 공동체를 이루는 데 기여할 가능성이 높다고 합니다.

선함은 거창한 이상에서 비롯되는 것이 아닙니다. 오히려 가장 작고 약한 존재 앞에서 우리가 어떤 태도를 보이는지에서 조용히 드러납니다. 오늘 하루 눈앞의 작은 생명에게 조금 더 마음을 내어보는 건 어떨까요? 그런 순간들이 우리를 더욱 인간답게 만들어 줄지도 모릅니다.

◆

필로소피 TO DO LIST

"고요한 방에 홀로 앉아있지 못하는 것,
거기서 인간의 모든 불행이 시작된다."

《팡세》

고독을 즐기기 위한 TO DO LIST

- [ ] _____
- [ ] _____
- [ ] _____
- [ ] _____
- [ ] _____
- [ ] _____
- [ ] _____
- [ ] _____

철학자의 문장 필사하기

"말이 헛된 수다로 타락하면, 사물의 참된 의미도 어리석음 속에 묻히고 만다."

《언어 일반과 인간의 언어에 대하여》

"인간은 자신이 의지하는 것을 실행할 수 있지만, 없던 의지를 만들 수는 없다."

《의지와 표상으로서의 세계》

기분이 나아지기를 바라지 말고 웃어 보라
제임스의 감정과 행동

> "우리는 울기 때문에 슬퍼하고, 때리기 때문에 화가 나며, 떨기 때문에 겁을 먹는다."
>
> 〈감정이란 무엇인가〉

055 여러분은 감정과 행동 중 무엇이 먼저라고 생각하나요? 대부분이 "화가 나서 소리를 지른다", "슬퍼서 운다", "무서워서 도망친다"라고 말합니다. 그런데 심리학자 윌리엄 제임스는 이 순서가 정반대일 수 있다고 주장했습니다. 그의 말에 따르면 "우리는 울기 때문에 슬프다"라고 합니다. 무슨 뜻일까요?

상상해 보세요. 숲길을 걷다가 갑자기 눈앞에 곰이 나타났습니다. 어떤 반응이 먼저 올까요? 제임스는 우리가 먼저 심장이 뛰고, 숨이 가빠지고, 몸이 긴장한 뒤에야 무섭다는 감정을 느낀다고 설명했습니다. 즉, 몸의 반응이 감정보다 앞선다는 것입니다.

이 이론을 뒷받침하는 흥미로운 실험도 있습니다. 1988년 독일의 사회심리학자 프리츠 스트랙은 참가자들에게 연필을 입에 물게 했습니다. 한 그룹은 이를 이용해 미소 짓는 표정을 만들었고, 다른 그룹은 입술로 연필을 물어 찡그린 표정을 만들었습니다. 두 그룹에게 같은 만화를 보여 준 결과, 미소를 짓게 한 그룹이 만화를 더 재미있게 평가했습니다. 표정이 감정에 영향을 준 셈입니다.

이는 우리의 일상에도 적용할 수 있습니다. 발표를 앞두고 어깨를 웅크리면 불안이 커지고, 반대로 자세를 곧게 펴면 긴장이 줄어듭니다. 억지로라도 미소를 지으면 기분이 조금 나아지는 경험도 흔히 하게 됩니다.

감정이 바뀌기만을 기다리지 말고 행동을 먼저 바꿔 보세요. 작은 변화가 생각보다 큰 힘을 발휘할 수 있습니다. 삶의 분위기 역시 그렇게 달라질 수 있습니다.

◆

윌리엄 제임스(1842~1910)는 생각과 감정도 결국 삶에서 작동해야 가치가 있다고 본 철학자다. 그는 "기분이 나아지기를 기다리지 말고 먼저 웃어보라"라고 말하며, 행동이 마음을 이끈다고 믿었다. 진리는 머리로 아는 것이 아니라 살아가며 작동할 때 비로소 의미를 가진다고 봤다.

언어는 우리가 사는 집이다
하이데거의 언어

"언어는 존재의 집이다. 인간이 그 언어의 집에 산다. 사색하는 자들과 단어를 가지고 창조하는 자가 이 집을 지킨다."

〈휴머니즘에 관한 편지〉

056 우리는 언어로 세상을 인식합니다. 말과 글을 통해 감정을 표현하고, 타인과 관계를 맺고, 자신을 이해해 나갑니다. 언어는 단순한 도구가 아니라 우리가 머무는 공간이자 삶의 터전입니다. 철학자 하이데거는 이를 "언어는 존재의 집이다"라는 말로 표현했습니다.

하이데거는 언어를 단지 정보를 전달하는 수단으로 보지 않았습니다. 언어는 우리가 세상을 경험하고 이해하는 방식이며, 사물과 현상 너머의 의미를 드러내는 통로입니다. 그에게 언어는 인간이 세계와 관계 맺는 근본적인 방식이었습니다.

이런 관점에서 시인은 언어의 가능성을 가장 민감하게 감지하고 확장하는 사람입니다. 윤동주 시인은 〈서시〉에서 "죽는 날까지 하늘을 우러러 한 점 부끄럼 없기를"이라고 썼습니다. 이 구절은 단순한 소망이 아니라 자신의 삶을 성찰하며 정직하게 살고자 했던 한 청년의 내면 고백입니다.

그는 삶의 불안, 죄책감, 양심의 목소리를 짧은 시 안에 정제된 언어로 담아냈습니다. 윤동주의 시는 우리가 쓰는 말들이 얼마나 쉽게 낡고 흐려질 수 있는지를 일깨우며, 언어가 감정의 전달을 넘어서 삶의 자세를 가꾸는 힘이 될 수 있음을 보여 줍니다.

하이데거는 철학자와 시인을 언어의 파수꾼이라 불렀습니다. 철학자는 언어를 통해 세계를 다시 묻고, 시인은 익숙한 말을 낯설게 만들며 새로운 감각을 일깨웁니다. 안도현 시인의 "연탄재 함부로 차지 마라. 너는 누구에게 한 번이라도 뜨거운 사람이었느냐"라는 구절처럼, 시는 일상 언어 속에 감춰진 의미를 길어 올려 삶을 다시 바라보게 만듭니다.

말은 우리의 내면을 드러내고, 우리가 사는 세계를 빚습니다. 우리가 매일 쓰는 말이 어떤 세계를 만드는지, 그 언어 속에 어떤 마음이 담겨 있는지를 살펴보는 일은 곧 우리가 어떤 삶을 살고 있는지를 되묻는 일입니다. 말을 아끼라는 말이 아니라 말을 가꾸라는 뜻입니다. 지금 당신이 쓰는 단어 하나에도 삶의 태도가 담겨 있다는 사실을 잊지 마세요.

해야 하는 일과 하고 싶은 일
매슬로의 자아실현

> "음악가는 음악을 만들어야 하고, 화가는 그림을 그려야 하며, 시인은 글을 써야 한다. 이는 그가 궁극적으로 자신과 평화롭게 지내기 위해서이다. 인간은 할 수 있는 건 꼭 해야만 한다."
>
> 《동기와 성격》

057 하루하루 바쁘게 살다 보면, 문득 이런 생각이 들 때가 있습니다. "나는 지금 정말 내가 원하는 삶을 살고 있는 걸까?" 생계를 유지하고 주변의 기대에 부응하며 살아가느라 정작 마음 깊은 곳에서 들려오는 목소리를 외면한 적은 없었는지 돌아보게 됩니다.

심리학자 에이브러햄 매슬로는 인간 내면에는 '자발적인 욕구'가 있다고 보았습니다. 단순히 하고 싶은 일이 아니라 반드시 그 방향으로 나아가야만 충만함을 느낄 수 있는 깊은 열망입니다. 예술가에게 창작은 선택이 아니라 존재의 표현이며, 어떤 사람에게는 글쓰기나 돌봄, 또는 가르침이 그런 방식일 수 있습니다.

이때 중요한 물음이 떠오릅니다. "나는 지금 진심으로 원하는 삶을 살고 있는가?" 삶은 '해야 하는 일'과 '하고 싶은 일' 사이에서 균형을 찾아야 합니다. 어느 한쪽에만 치우치면 내면의 균형이 무너지고 감정적 공허나 무기력함으로 이어질 수 있습니다. 매슬로는 하고 싶은 일이 단순한 욕심이 아니라 본능에 가까운 내적 충동이라고 말했습니다.

만약 요즘 삶이 반복되고 이유 없이 허전하다면 그것은 자신이 진정 바라는 방향과 멀어졌기 때문일지도 모릅니다. 사람은 자신이 사랑하지 않는 일에 오래 머무를수록 활력을 잃습니다. 살아 있다는 느낌은 외부의 보상이 아니라 내면의 일치감에서 비롯됩니다.

자아실현은 성공이나 안정만으로 이뤄지는 것이 아닙니다. 마음 깊이 원하는 것과 삶의 방향이 조화를 이룰 때 비로소 가능해집니다. 매슬로는 우리 각자에게 이렇게 말하는 듯합니다. "가슴이 이끄는 방향을 외면하지 마라."

지금 당신은 어디를 향하고 있나요? 오늘 하루, 아주 작은 실천이라도 마음이 향하는 쪽으로 다가가 보기를 바랍니다. 그 한 걸음이 삶을 조금 더 자신답게 만들어 줄지도 모릅니다.

◆

에이브러햄 매슬로(1908~1970)는 인간의 욕구를 단계적으로 설명한 '욕구 위계 이론'으로 잘 알려진 미국의 심리학자다. 그는 인간은 생존을 넘어 자아실현을 향해 나아가는 존재라고 보았고, 기본적인 욕구가 충족되어야 더 높은 성장을 추구할 수 있다고 주장했다.

필로소피 다이어리

공감 가는 철학자의 말을 쓰고, 어떤 느낌과 생각이 드는지 정리해 보세요.

◆

필로소피 TO DO LIST

"음악가는 음악을 만들어야 하고, 화가는 그림을 그려야 하며,
시인은 글을 써야 한다. 이는 그가 궁극적으로 자신과 평화롭게
지내기 위해서이다. 인간은 할 수 있는 건 꼭 해야만 한다."

《의지와 표상으로서의 세계》

자아실현을 위한 TO DO LIST

☐ ....

☐ ....

☐ ....

☐ ....

☐ ....

☐ ....

☐ ....

☐ ....

더 나은 삶을 위한 필로소피 만다라트

마음에 남은 철학자의 문장을 중심에 두고, 각 칸에 떠오른 생각이나 바꾸고
싶은 태도를 적어 보세요.

	철학자의 문장	

5장

제대로 말하고 깊이 듣는다는 것

| 말과 마음을 잇는 철학 노트 |

생각과 행동을 이어 주는 가장 강력한 힘

제임스의 믿음

"일반적으로 사람들은 자신에게 필요하지 않은 사실과 이론은 믿으려 하지 않는다."

〈믿으려는 의지(The Will to Believe)〉

058 우리는 수많은 정보 속에서 살아가지만, 어떤 것은 오래 기억에 남고, 어떤 것은 쉽게 흘려보냅니다. 왜 이런 차이가 생기는 걸까요?

제임스는 믿음이 단순히 진리를 이해하는 문제가 아니라고 보았습니다. 그는 어떤 생각이나 이론이 논리적으로 맞는가보다, 그것이 우리 삶에 얼마나 필요한지가 믿음을 결정짓는 더 중요한 기준이라고 말합니다.

예를 들어, 신앙은 과학적으로 입증되었기 때문에 믿는 것이 아니라 그것이 삶의 방향을 잡아 주고 어려움을 이겨 내는 힘이 되기 때문에 믿습니다. 믿음은 진리를 받아들이는 것이라기보다는 삶의 의미를 찾아가는 능동적인 선택에 가깝습니다. 제임스는 믿음이 행동으로 이어질 때 더 강해진다고 보았고, 실제로 변화를 이끌어 낼 수 있다면 그 믿음은 그 자체로 가치가 있다고 생각했습니다.

심리학의 '인지부조화(cognitive dissonance) 이론'도 이와 통합니다. 우리는 믿는 것과 행동이 다를 때 불편함을 느끼며, 이를 해소하기 위해 믿음을 바꾸거나 행동을 조정합니다. 예컨대, 운동이 필요하다는 사실을 알면서도 실천하지 않을 때 "운동은 내게 별로 중요하지 않아"라고 믿음을 조정하거나, 반대로 실제로 운동을 시작하는 방향으로 나아가는 것입니다.

제임스의 관점에서 믿음은 정보의 수용이 아니라 삶을 형성하는 힘입니다. "나는 할 수 있다"라는 믿음이 실제 행동으로 이어지듯, 우리가 무엇을 믿느냐는 결국 어떤 삶을 선택하느냐와 연결됩니다.

중요한 것은 좋은 믿음을 키우는 일입니다. 나를 성장시키고 앞으로 나아가게 만드는 믿음은 삶의 방향을 정하고 불확실한 상황 속에서도 중심을 잡게 합니다. 동시에 타인의 믿음을 쉽게 판단하기보다, 그것이 그 사람의 삶에 어떤 의미를 가지는지 이해하려는 태도도 필요합니다.

믿음은 단순한 감정이나 지식이 아닙니다. 제임스가 말했듯, 그것은 삶을 이끌고 변화시키는 동력입니다. 우리가 어떤 믿음을 품고 살아가는지가 곧 우리가 어떤 삶을 만들어 가고 있는지를 보여주는 셈입니다.

괴물과 싸우다 괴물이 되지 말라
니체의 심연

> "괴물과 싸우는 자는 자신이 괴물이 되지 않도록 조심해야 한다. 심연을 오래 들여다보면, 심연 또한 당신을 들여다본다."
>
> 《선악의 피안》

059 살다 보면 부조리와 부딪히고, 부당함에 맞서야 할 때가 있습니다. 하지만 가장 치열한 싸움은 바깥이 아니라 바로 자신 안에서 벌어집니다. 니체는 "괴물과 싸우다 보면, 그 괴물이 될 수 있다"라고 경고했습니다. 정의를 외치다 폭력을 정당화하거나, 옳은 일을 하다 스스로 도덕을 잃어버리는 일, 독재에 맞서 시작된 혁명이 또 다른 독재로 변질된 역사도 이를 잘 보여줍니다.

니체는 또 "심연을 오래 들여다보면, 심연도 당신을 들여다본다"라고 말했습니다. 두려움, 분노, 욕망과 싸우는 과정에서 오히려 그 어둠이 마음 깊숙이 스며들 수 있다는 뜻입니다. 융도 비슷한 이야기를 했습니다. 그는 인간 내면에 숨겨진 어두운 면인 그림자를 억누르기만 하면 언젠가 뜻밖의 방식으로 터져 나온다고 경고했습니다.

주위를 둘러보면 쉽게 알 수 있습니다. 정의를 외치던 이가 어느새 자신이 비판하던 대상과 닮아 있고, 더 나은 삶을 꿈꾸던 이가 오히려 자신의 길을 잃어버리기도 합니다. 괴물과 싸우다 보면 자신을 잃어버리게 되는 것입니다. 니체의 말은 단순한 경고가 아니라 싸움 속에서도 본래의 자신을 지켜야 한다는 깊은 당부입니다.

삶에서 누구나 어둠을 마주하는 순간이 찾아옵니다. 그때 중요한 것은 어둠에 물들지 않고, 그 어둠을 딛고 빛을 만들어 내는 일입니다.

지금 당신은 어떤 괴물과 마주하고 있습니까? 그 싸움 속에서 무엇을 잃지 않으려 애쓰고 있습니까? 스스로를 지키는 것, 그것이야말로 진정한 싸움입니다.

모욕에서 벗어나는 가장 쉬운 방법

에픽테토스의 해석과 선택

"누군가의 폭언이나 폭력이 아니라 그것을 모욕이라고 파악하는 당신의 생각이 모욕의 원인이라는 사실을 기억하라."

《엥케이리디온》

060 누군가에게 무시당하거나 비난받은 적이 있나요? 상사의 차가운 지적, 친구의 심한 농담, 낯선 이의 무례한 행동을 떠올려 보세요. 흔히들 "저 사람이 나를 상처 입혔다"라고 생각하지만, 에픽테토스는 불편함이 시작되는 지점을 다르게 바라보라고 말합니다.

그는 모욕이 타인의 행동이 아니라 그 행동을 해석하는 우리의 판단에서 비롯된다고 설명합니다. 예를 들어, 회의에서 동료가 아이디어를 무시했을 때 "나를 존중하지 않았다"라고 받아들이면 분노가 일지만, "오늘은 피곤했거나 내가 이해하지 못한 다른 생각이 있을 수 있다"라고 해석하면 평온을 지킬 수 있습니다. 같은 상황에서도 해석에 따라 감정은 전혀 다르게 흘러갑니다. 이 점이 바로 스토아 철학의 실천적 핵심입니다.

모욕을 준 사람을 공격하지 않고 넘어가는 것은 약한 태도가 아닙니다. 오히려 자신의 평화를 외부 환경에 맡기지 않고 지켜 내는 강한 힘입니다.

현대 인지심리학에서도 이와 같은 사실을 강조합니다. 인지행동치료(Cognitive Behavioral Therapy, CBT)는 감정이 사건 자체에서 생

기는 것이 아니라 그 사건에 대한 해석에서 비롯된다고 설명합니다. 현대 심리치료의 기법 중 하나인 합리적 정서행동치료(Rational Emotive Behavior Therapy , REBT)의 창시자이자 미국의 심리학자인 앨버트 엘리스는 "모든 사람이 나를 존중해야 한다"라는 비합리적 믿음을 "모든 사람이 나를 존중할 필요는 없다"라는 현실적 믿음으로 바꿀 것을 권합니다.

모욕감에 휘둘리는 것은 결국 자신의 평화를 해치는 일입니다. 분노는 상대방보다 자신의 마음을 더 깊이 상하게 합니다. 누군가의 말에 상처받았을 때 이렇게 물어보세요. "이 생각이 내 마음의 평화를 빼앗고 있지는 않은가?"

평화를 지키는 힘은 외부 환경이 아니라 자신의 해석과 선택에 달려 있습니다.

철학자의 문장 필사하기

"누군가의 폭언이나 폭력이 아니라 그것을 모욕이라고 파악하는 당신의 생각이 모욕의 원인이라는 사실을 기억하라."

《엥케이리디온》

"괴물과 싸우는 자는 자신이 괴물이 되지 않도록 조심해야 한다. 심연을 오래 들여다보면, 심연 또한 당신을 들여다본다."

《선악의 피안》

◆

필로소피 TO DO LIST

"일반적으로 사람들은 자신에게 필요하지 않은 사실과 이론은
믿으려 하지 않는다."

〈믿으려는 의지〉

관점을 넓히기 위한 TO DO LIST

- [ ] _____
- [ ] _____
- [ ] _____
- [ ] _____
- [ ] _____
- [ ] _____
- [ ] _____
- [ ] _____

진정한 행복이 시작되는 곳
부버의 관계의 전환

"근원어 '나 너'에서의 '나'는 근원어 '나 그것'에서의 '나'와 다르다."

《나와 너》

061 아침 출근길에 이웃이 건넨 짧은 인사에 진심으로 답해 본 적이 있나요? 바쁜 하루 속에서 누군가와 나눈 소소한 대화 한마디가 이상하게 마음을 따뜻하게 만든 경험은 없었나요? 우리는 매일 수많은 사람과 스치고, 때로는 뜻밖에 진심을 주고받습니다. 그 과정 속에서 우리는 자신을 발견합니다.

종교철학자인 마르틴 부버는 인간관계를 두 가지로 구분했습니다. 하나는 '나 그것', 다른 하나는 '나 너'입니다. 나 그것 관계는 일상에서 가장 흔하게 경험하는 방식입니다. 이 관계에서 우리는 상대를 하나의 대상이나 수단으로 바라봅니다. 택시 기사를 단지 목적지까지 데려다줄 사람으로 여기거나, 직장 동료를 업무 효율로만 평가할 때가 그렇습니다. 실용적이고 필요하지만, 이런 관계 속에서 나는 분리된 관찰자에 머뭅니다.

반면, 나 너 관계는 전혀 다른 차원의 경험입니다. 이 관계에서는 상대를 분석하거나 이용할 대상으로 보지 않고, 그 자체로 존중하고 마주합니다. 계산도, 목적도 없이 순수하게 현존하는 만남입니다. 오랜 친구와 깊은 대화를 나눌 때, 아이의 웃음에 마음이 저절로 열릴 때, 자연의 아름다움에 감동할 때 우리는 나 너의 순간을 경험합니다.

부버는 누구를 어떻게 만나는지에 따라 '나' 자체가 달라진다고 보았습니다. 나 그것 속에서 나는 분리된 존재이지만, 나 너 속에서 '나'는 관계 속에 참여하며 변하는 존재가 됩니다.

요즘 삶이 건조하고 의미 없이 느껴진다면 오랫동안 나 그것의 세계에만 머물러 있었던 것은 아닌지 돌아봐야 합니다. 일, 성과, 효율만을 좇으며 진정한 만남의 순간들을 흘려보내고 있지는 않나요?

오늘 하루는 누군가를 단지 기능이나 역할이 아닌 온전한 존재로 바라보는 시간을 가져 보세요. 계산 없이, 판단 없이, 그저 그 존재 자체를 마주하는 방식으로요. 부버가 강조했듯 진정한 행복은 나 혼자만의 영역이 아니라 나와 너 사이, 즉 살아 있는 관계 속에서 피어납니다.

◆

마르틴 부버(1878~1965)는 인간 존재는 고립된 개인이 아니라 대화와 응답 속에서 형성된다고 보았다. 그는 삶의 중심을 '만남'에 두었고, 신과의 관계도 일방적인 믿음이 아니라 살아 있는 대화로 이해했다. 부버에게 종교는 제도보다 관계였고, 진리는 이론보다 살아 있는 경험에 가까웠다. 그의 사상은 인간과 세계를 연결하는 방식 자체를 새롭게 비춰 주었다.

낯설고 불편한 것이 나를 성장시킨다
니체의 위대한 사유

"젊은이를 망치는 가장 확실한 방법은 '자신과 다른 생각을 하는 사람' 대신에 '자신과 같은 생각을 하는 사람'을 존경하도록 가르치는 것이다."

《아침놀》

062 가끔은 이런 순간이 있습니다. 누군가의 말이 너무 낯설고 불편하게 느껴져서 본능적으로 반박하고 싶어질 때 말입니다.

그런데 그 대화를 마친 뒤 어쩐지 생각의 지평이 조금 넓어진 것 같은 느낌을 받을 때도 있지 않나요? 어린 시절 자전거를 배우며 넘어지고 다쳤던 기억을 떠올려 보세요. 처음엔 두렵고 어렵지만, 그 과정을 지나야 비로소 균형을 잡고 앞으로 나아갈 수 있습니다. 인간은 편안함이 아니라 낯설고 불편한 도전을 마주할 때 진짜로 성장합니다.

니체는 고정된 사회 가치관과 도덕 관념에 끊임없이 의문을 던졌습니다. 《아침놀》에서 그는 기존 관습과 도덕적 편견을 벗어나 자유롭게 사고할 것을 촉구했습니다. 니체는 진정한 성장이 불편함 속에서 이루어진다고 보았습니다.

오늘날 우리는 자신의 생각과 비슷한 이들과 어울리기 쉬운 환경 속에 살아가고 있습니다. 소셜 미디어는 이미 동의하고 있는 정보만을 반복적으로 노출시키고, 사용자가 기존 신념에서 벗어나지 않도록 구조화되어 있습니다. 이러한 환경은 심리학에서 말하는

'확증 편향'을 강화합니다. 확증 편향은 자신이 이미 믿고 있는 정보만을 선택적으로 받아들이고, 그와 반대되는 정보는 무시하려는 경향을 말합니다.

니체가 비판한 '노예 도덕'은 바로 이와 유사한 성격을 지닙니다. 주어진 규범과 기존 질서를 무비판적으로 따르는 태도는 개인의 내면적 성찰이나 가치 판단 없이도 살아갈 수 있게 만들지만, 그만큼 자율성과 주체성을 희생하게 됩니다.

반대로 니체가 말한 '주인 도덕'은 스스로 사유하고 판단하여 자신의 삶의 기준을 세우는 태도입니다. 그것은 타인의 시선이나 관습에서 자유로워질 수 있는 가능성을 열어 줍니다.

진정한 주체는 다양한 관점과 시선을 기꺼이 받아들이며 그 안에서 자신의 가치 체계를 구성해 나가는 사람입니다. 이는 단순한 자기중심적 고집이 아니라 사고의 유연성과 성찰의 깊이를 갖춘 삶의 태도이기도 합니다.

삶이 단조롭게 느껴지거나 사고가 정체되어 있다는 생각이 들 때 자신과 다른 의견을 열린 마음으로 마주해 보면 어떨까요. 불편함을 회피하기보다 그 속에 담긴 낯선 통찰을 기꺼이 받아들일 때 인간은 더욱 깊고 넓은 존재로 성장할 수 있습니다. 니체가 말한 '위대한 사유'는 그렇게 낯선 질문에서 시작됩니다.

어둠은 어둠을 몰아낼 수 없다

킹의 사랑

"어둠은 어둠을 몰아낼 수 없다. 오직 빛만이 그럴 수 있다. 미움은 미움을 이길 수 없고, 오직 사랑만이 그럴 수 있다."

《사랑의 힘》

063 밤중에 갑작스레 정전이 되어 방 안이 온통 어두워졌던 기억이 있나요? 그 순간 가장 간절히 찾게 되는 것은 더 큰 힘이나 도구가 아닙니다. 아주 작고 희미한 빛, 촛불 하나나 휴대폰 화면의 불빛만으로도 주변은 전혀 다른 공간이 됩니다. 어둠을 몰아내는 데 필요한 것은 결국 또 다른 어둠이 아니라 한 점의 빛입니다.

"어둠은 어둠을 몰아낼 수 없다"라는 마틴 루터 킹의 말은 단순하면서도 깊은 진실을 담고 있습니다. 어둠은 오직 빛만이 밀어낼 수 있으며, 미움 또한 미움으로는 사라지지 않는다는 것입니다.

킹은 단순한 이상주의자가 아니었습니다. 그는 미국 사회에 깊이 뿌리내린 인종차별과 구조적 불의에 맞서 싸운 실천적 사상가였습니다. 그가 선택한 무기는 총도, 분노도 아니었습니다. 그가 들었던 도구는 다름 아닌 '사랑'이었습니다. 사랑으로 미움을 이긴다는 그의 신념은 도덕적 선언이 아니라 현실 속에서 유효한 전략이었습니다.

이런 믿음은 역사적으로도 증명되었습니다. 킹의 비폭력 저항 운동은 미국의 인종차별 정책을 무너뜨리는 데 결정적인 역할을 했고, 간디의 비폭력 독립 운동은 인도의 자주성을 실현하는 데 큰 힘이 되었습니다. 미국의 정치학자 에리카 체노웨스와 스테판 해거드의 연구에 따르면, 1900년부터 2006년까지 전 세계 주요 저항 운동 중 비폭력적 방식은 폭력보다 두 배 이상 높은 성공률을 기록했습니다.

지금 당신의 일상에는 어떤 어둠이 깃들고 있나요? 혹시 미움에 또 다른 미움으로 맞서며 더 큰 상처를 만들고 있지는 않나요? 상대를 공격하고 싶은 충동이 들 때, 또는 외면하고 싶은 차가움을 느낄 때 작은 빛 하나를 떠올릴 수 있다면 세상은 조금씩 달라질 수 있습니다.

따뜻한 말 한마디, 이해하려는 태도, 조용히 건네는 미소 하나가 또 다른 누군가에게 불을 밝히는 시작이 될 수 있습니다. 마틴 루터 킹이 말했듯, 진정한 변화는 언제나 사랑에서 비롯됩니다. 당신은 어떤 방식으로 어둠을 밀어내고 있나요?

◆
마틴 루터 킹은(1929~1968) 미국의 목사이자 인권운동가로, 비폭력 저항을 통해 인종 차별에 맞선 인물이다. 킹은 간디의 영향을 받아 평화적 시위를 이끌었고, 시민권법 제정에 큰 역할을 했다.

감정에도 체력이 필요하다
혹실드의 감정 노동

"서비스업 노동자가 매일 자기감정을 팔아야만 할 때, 노동자의 감정은 변하고 결국 인격 전체가 상품화되고 만다. 이 과정에서 노동자는 자신의 내면의 목소리와 진짜 감정에 대한 감각을 상실할 수 있다."

《감정 노동》

064 카페 문을 열고 들어서는 순간, 환한 미소로 "어서 오세요"라고 인사하는 점원이 있습니다. 그러나 그 미소 뒤에 감춰진 감정까지 우리는 얼마나 자주 바라보게 될까요? 표정은 웃고 있지만, 그 안에는 피로, 긴장, 또는 억눌린 감정이 숨어 있을 수 있습니다.

서비스업 종사자는 매일 감정 노동을 수행합니다. 손님의 기대에 맞춰 웃고 친절을 유지하는 일은 단순한 업무가 아니라 자신의 내면을 조정하고 감정을 연기하는 행위입니다. 이처럼 외적인 감정 표현이 반복되면 진짜 감정은 점점 뒤로 밀려나게 됩니다.

미국의 사회학자인 앨리 러셀 혹실드는 이러한 감정 노동이 인간의 감정을 상품처럼 다루게 만든다고 지적했습니다. 그는 감정 노동이 단순한 서비스 제공을 넘어 개인의 정체성과 진정성을 훼손할 수 있다고 경고했습니다. "손님은 왕이다"라는 구호 아래, 감정의 희생은 종종 당연시되고 있습니다.

혹실드는 감정 노동을 '표면 연기'와 '심층 연기'로 구분했습니다. 표면 연기는 실제 감정과는 무관하게 외적인 표현만 조절하는 것이고, 심층 연기는 요구된 감정을 실제로 느끼기 위해 내면을 조정하는 것입니다. 문제는 이러한 연기가 습관화되면, 어느 순간 스스로의 진짜 감정을 인식하기 어려워진다는 점입니다.

융은 인간이 사회적 역할을 수행하기 위해 '페르소나', 즉 가면을 쓴다고 보았습니다. 그러나 융은 이 페르소나가 자아 전체를 대체하지 않도록 조심해야 한다고 말했습니다. 진정한 자아와 가면 사이의 균형이 무너지면, 내면의 불균형과 소외가 깊어지기 때문입니다.

감정 노동은 단지 서비스 현장에서의 일이 아니라 현대인의 삶 전반에서 벌어지고 있는 문제입니다. 인간관계, 직장생활, 심지어 온라인 공간에서도 우리는 감정을 조절하고 조율해야 할 때가 많습니다. 하지만 그럴수록 중요한 것은 내면의 진짜 감정을 외면하지 않는 일입니다.

잠시 시간을 내어 자신에게 이렇게 물어봅시다. "지금 내가 느끼는 감정은 진짜인가?" 그리고 가능하다면 그 감정을 억누르지 말고 조용히 들여다봅시다. 진정성을 지키는 일은 곧 자신을 지키는 일이기 때문입니다.

◆
앨리 러셀 혹실드(1940~)는 미국의 사회학자로, 감정이 개인의 것이 아닌 사회적으로 관리되고 규제된다는 점을 밝힌 '감정노동' 개념의 창시자다. 그는 사람들이 일터나 일상에서 기대되는 감정을 표현하기 위해 자신의 진짜 감정을 억누르거나 조절하는 과정을 분석하며, 감정도 자본주의와 규범의 영향을 받는다는 사실을 드러냈다.

필로소피 TO DO LIST

"젊은이를 망치는 가장 확실한 방법은
'자신과 다른 생각을 하는 사람' 대신에
'자신과 같은 생각을 하는 사람'을 존경하도록 가르치는 것이다."

《아침놀》

타인을 이해하기 위한 TO DO LIST

□ _____

□ _____

□ _____

□ _____

□ _____

□ _____

□ _____

□ _____

◆

필로소피 다이어리

공감 가는 철학자의 말을 쓰고, 어떤 느낌과 생각이 드는지 정리해 보세요.

감정은 나를 알려주는 지도다
누스바움의 감정

> "우리의 감정 생활은 우리의 불완전함을 지도처럼 보여 준다. 부족한 게 없는 존재는 두려움, 슬픔, 희망, 분노와 같은 감정을 가져야 할 이유가 전혀 없다."
>
> 《다음 세대를 위한 편지 모음》

065 감정이 없는 삶을 상상해 본 적이 있나요? 두려움이나 슬픔이 사라진다면 더 강해질 수 있을 것처럼 보이지만, 기쁨과 희망마저 사라진다면 과연 삶이 온전할 수 있을까요?

마사 누스바움은 감정을 인간 존재의 핵심이라 말합니다. 감정은 우리가 불완전한 존재임을 드러내는 신호이며, 동시에 우리가 무엇을 중요하게 여기는지를 보여 주는 내면의 반응입니다.

처음 만난 사람 앞에서 느끼는 떨림, 중요한 발표를 앞두고 찾아오는 긴장, 오랜 친구를 만났을 때의 설렘을 떠올려 보세요. 이런 감정들은 우리의 취약함에서 비롯되지만, 그 덕분에 우리는 더욱 조심하고, 더 나은 관계를 만들며, 자신을 끊임없이 단련할 수 있습니다.

누스바움은 감정을 단순한 본능이나 반응이 아니라 우리가 중시하는 가치와 밀접하게 연결된 인지적 활동으로 설명합니다. 분노는 무작위로 생기는 것이 아닙니다. 정의와 존엄, 사랑과 같은 중요한 가치가 위협받을 때 나타납니다. 감정은 단순한 느낌이 아니라 삶의 방향을 가리키는 나침반이며, 내면의 진실을 비추는 거울인 셈입니다.

감정은 개인의 차원을 넘어 사회를 움직이는 원동력이 되기도 합니다. 분노는 부당함에 맞설 용기를 주고, 연민은 타인의 고통에 함께 아파하게 만듭니다. 감정이 없다면 우리는 불의에 저항할 이유도, 타인의 아픔을 나눌 능력도 가질 수 없습니다.

지금 어떤 감정을 느끼고 있나요? 그 감정은 무엇을 말하고 있습니까? 슬픔은 소중한 것을 일깨우고, 두려움은 대비할 힘을 주며, 희망은 더 나은 내일을 향해 나아가게 합니다.

감정을 억누르기보다는 삶을 이끌어 가는 에너지로 받아들일 필요가 있습니다. 감정은 우리가 살아 있다는 것, 그리고 끊임없이 변화하고 성장하고 있다는 것을 증명해 줍니다.

진정한 평화는 남이 만들어 주지 않는다
소크라테스의 진정한 평화

> "내가 나 자신과의 조화를 깨트리는 것보다, 차라리 다수의 대중과 불화를 감수
> 하는 편이 더 낫다."
>
> 《고르기아스》

066 우리는 회식 자리에서 억지로 웃을 때, 가족 모임에서 가치관과 다른 이야기가 나와 침묵할 때, 친구들이 좋아하는 식당이 내 취향과 맞지 않을 때, 대세인 의견이 양심과 충돌할 때 등 매일 타인의 기대와 신념 사이에서 갈등합니다. 대중과 조화를 이룰 것인지 아니면 자신과의 조화를 지킬 것인지 선택해야 하죠.

소크라테스는 이러한 상황에서 더 깊은 지혜를 제시합니다. 그는 "수많은 사람이 나와 다른 생각을 가져도, 내가 나 자신과 어긋나는 것보다는 낫다"라고 말했습니다. 조화는 타인과 보폭을 맞추는 데서 시작되는 것이 아니라 내면과 화해하는 데서 비롯된다고 보았습니다.

소크라테스 철학의 핵심은 자기 자신과의 일치와 조화에 있습니다. 그는 삶의 목표를 외적인 성공이나 타인의 인정이 아니라 양심과 이성이 이끄는 진리와 덕을 따르는 데 두었습니다. "덕은 곧 지식입니다"라는 그의 말처럼, 올바른 삶을 위해 끊임없이 진리를 탐구하고 신념을 지키는 자세가 중요하다고 강조했습니다.

자기 자신과의 조화를 잃으면 삶의 본질적인 가치를 훼손하게 됩

니다. 타인의 인정에 기대어 살아가는 삶은 겉으로는 편안해 보일 수 있지만, 내면 깊은 곳에서는 갈등과 불안을 피할 수 없습니다.

오늘날 우리는 직장에서 상사의 의견에 마지못해 따르거나, 사회적 통념과 다른 생각을 가지고 있음에도 침묵하는 경우가 많습니다. 이럴 때 소크라테스는 "남의 말에 따름으로써 얻는 순간의 편안함이 자기 자신과 등을 지고 살아가는 고통만큼 값진 것인가?"라고 묻습니다.

생각과 행동이 일치할 때 비로소 내면의 평화가 찾아옵니다. 신념을 저버리면 마음은 불편해지고, 결국 자아 정체성마저 흔들릴 수 있습니다. 소크라테스는 자기 자신과의 조화를 잃는 순간 삶의 나침반을 잃는 것이라고 경고했습니다.

진정한 평화는 타인의 인정에서가 아니라 자기 마음과 보폭을 맞추는 데서 비롯됩니다.

◆

소크라테스(B.C. 470?~B.C. 399)는 고대 아테네의 철학자로, "너 자신을 알라"라는 말로 대표되는 자기 성찰의 철학을 실천한 인물이다. 그는 지식이 아니라 무지를 인정하는 데서 지혜가 시작된다고 믿었고, 끊임없는 질문을 통해 사람들 스스로 생각하게 하는 방식으로 진리를 추구했다. 글을 남기지 않았지만, 그의 대화와 태도는 제자인 플라톤을 통해 전해졌다.

타인을 이해한다는 말의 진짜 의미
랭의 이해

> "정신분열증 환자들이 보이는 비이성적 말과 행동은, 그들의 실존적 맥락을 이해
> 하지 않고서는 본질적으로 닫힌 책과 같습니다."
>
> 《분열된 자기》

067 사람들은 눈에 잘 보이는 상처에는 쉽게 연민을 느낍니다. 그러나 정신의 고통은 눈에 보이지 않기에, 불편함이나 거부감으로 이어지기 쉽습니다. 정신질환자는 그렇게 '이해할 수 없는 사람'이라는 낙인을 쓰게 됩니다.

정신의학자인 로널드 랭은 이러한 시선에 의문을 제기했습니다. 그는 "왜 저런 행동을 하는가?"라는 질문을 피해선 안 된다고 말합니다. 《분열된 자기》에서 그는 정신질환자의 이상한 말과 행동을 '닫힌 책'에 비유하며, 그 사람의 삶과 고통의 맥락을 읽지 않고는 진정한 이해가 불가능하다고 보았습니다.

예를 들어, 친구가 "나는 유리로 만들어졌어. 누가 만지면 깨질 거야"라고 말한다면 대부분은 황당한 망상이라 여길 것입니다. 그러나 이는 상처받기 쉬운 자신의 내면을 표현하는 은유일 수 있습니다. 아이가 "세상이 무서워요"라고 말하는 것과 다르지 않습니다.

당시 정신의학은 뇌의 화학적 문제를 약물로 다루는 데 집중했습니다. 그러나 랭은 정신질환을 삶의 고통에 대한 생존 방식으로 보았습니다. 매일 폭력에 노출된 아이가 상상의 세계에 몰입하는 것은 어쩌면 자연스러운 반응일 수 있습니다.

이러한 시선은 오늘날 '이야기 치료(narrative therapy)'로 이어졌습니다. 증상만 다루기보다 개인의 삶 속 이야기를 함께 읽어 가는 접근입니다. 정신질환자를 고쳐야 할 대상이 아니라 이해해야 할 존재로 바라보는 것입니다.

랭의 관점은 일상적인 관계에도 적용됩니다. 화를 내는 동료나 반항적인 자녀를 대할 때 "왜 저래?"가 아니라 "무슨 사정이 있을까?"를 묻는 태도는 우리 모두에게 필요한 질문입니다.

랭은 말합니다. 닫힌 책은 펼쳐야 읽을 수 있습니다. 낯선 언어와 침묵 속에도 이야기가 있습니다. 그 이야기에 다가가려는 자세가 이해의 시작입니다.

◆

로널드 랭(1927~1989)은 영국의 정신과 의사이자 사상가로, 정신질환을 단순한 병리로 보지 않고 인간 존재의 고통스러운 소통 방식으로 이해하려 했다. 《분열된 자기》, 《정신병과 가족(Sanity, Madness and the Family)》 등에서 그는 환자의 말에 귀 기울이는 태도의 중요성을 강조했고, 심리치료의 인간적 전환을 이끈 인물로 평가받는다.

통제할 수 있는 것과 통제할 수 없는 것
에픽테토스의 자신의 판단

"누군가가 모욕을 주거나 폭력을 휘두를 때 실제로 우리를 괴롭히는 것은 그 사람이 아니라 우리가 그것을 모욕적이라고 보는 관점이라는 점을 기억하라."
《앵케이리디온》

068 우리는 일상에서 자주 이런 말을 합니다. "너 때문에 기분이 나빠졌어.", "그 말에 상처받았어." 누구나 한 번쯤 타인의 말 한마디에 하루가 엉망이 된 경험이 있을 것입니다. 직장 상사의 꾸중, 친구의 무심한 농담, 가족의 쓴소리가 마음에 오래 남기도 하지요.

에픽테토스는 여기에 질문을 던집니다. "정말 그 말이 당신을 상처 입혔습니까? 아니면 당신이 그 말에 상처받기로 마음먹은 것입니까?" 처음에는 다소 냉정하거나 현실을 무시하는 말처럼 들릴 수 있습니다. 그러나 그의 사유를 곱씹어 보면, 그 안에는 자기 자신을 지키기 위한 단단한 지혜가 담겨 있습니다.

에픽테토스는 "모욕은 타인의 말 때문이 아니라 우리가 그 말을 모욕으로 받아들일 때 생깁니다"라고 말합니다. 누군가 던진 말이 나를 흔드는 이유는 내가 그 말에 의미를 부여하고 해석했기 때문입니다.

소크라테스의 일화는 이를 잘 보여 줍니다. 어느 날 누군가가 그를 향해 거친 욕설을 퍼부었습니다. 주변 사람들은 그가 화를 낼 것이라 예상했지만, 소크라테스는 오히려 이렇게 말했습니다. "누군가 선물을 줄 때 내가 받지 않으면 그 선물은 누구의 것인가?" 사람들이 "주는 사람의 것입니다"라고 답하자 그는 덧붙입니다. "모욕도 같습니다. 내가 받지 않으면 그것은 그 사람의 것이지 내 것이 아닙니다."

간디 또한 비슷한 태도를 보였습니다. 영국 관리가 "더러운 인도인"이라며 그를 모욕했을 때 간디는 이렇게 답했습니다. "당신이 나를 어떻게 보든 그건 당신의 생각일 뿐입니다. 나는 내가 누구인지 알고 있습니다."

에픽테토스는 우리가 통제할 수 있는 것과 통제할 수 없는 것을 분명히 구분해야 한다고 강조했습니다. 타인의 말과 행동은 통제할 수 없습니다. 그러나 그 말에 어떤 의미를 부여할지는 나의 선택입니다.

누군가의 말에 상처받았을 때 잠시 멈춰 스스로에게 물어보는 것이 좋습니다. "이 말이 정말 나의 가치를 결정할 수 있는가?", "그 사람의 판단이 나의 중심을 흔들 수 있는가?"

모욕은 누군가의 말이 아니라 내가 그 말을 받아들일 때에야 비로소 힘을 갖게 됩니다. 그 사실을 기억하면 우리는 타인의 시선이 아닌 자신의 판단으로 살아가는 삶에 한 걸음 더 가까워질 수 있습니다.

◆

필로소피 다이어리

공감 가는 철학자의 말을 쓰고, 어떤 느낌과 생각이 드는지 정리해 보세요.

철학자의 문장 필사하기

"우리의 감정 생활은 우리의 불완전함을 지도처럼 보여 준다. 부족한 게 없는 존재는 두려움, 슬픔, 희망, 분노와 같은 감정을 가져야 할 이유가 전혀 없다."

《다음 세대를 위한 편지 모음》

"내가 나 자신과의 조화를 깨트리는 것보다, 차라리 다수의 대중과 불화를 감수하는 편이 더 낫다."

《고르기아스》

정말 아는 사람은 말하지 않는다

노자의 침묵

"진정 아는 이는 말하지 않고, 말하는 이는 알지 못한다."

《도덕경》

069 사람은 누구나 자신이 알고 있는 것을 다른 사람에게 전하고 싶어합니다. 특히 오랜 시간 고민한 주제라면 더욱 그렇습니다. 그러나 노자는 《도덕경》에서 뜻밖의 말을 남깁니다. "아는 자는 말하지 않고, 말하는 자는 알지 못한다."

이 말을 처음 들으면 이상하게 느껴질 수 있습니다. '알고 있다면 표현하는 것이 당연하지 않은가?'라는 의문이 생깁니다. 그런데 노자는 왜 "제대로 알면 침묵한다"라고 했을까요?

노자가 말하는 도는 우주를 관통하는 근본 원리이자 자연의 순리입니다. 《도덕경》의 첫 구절에서 그는 "도를 말로 설명할 수 있다면, 참된 도가 아니다"라고 말합니다. 진정한 지혜는 언어로 온전히 담을 수 없다는 뜻입니다.

언어는 종종 본질을 단순화하거나 왜곡합니다. '사랑', '행복', '자연의 아름다움' 같은 개념은 말로 설명해도 느낌과 깊이를 완전히 전달하기 어렵습니다. 노자는 언어의 한계를 알았기에, 진정으로 아는 사람은 말을 아낀다고 했습니다.

노자가 침묵을 강조한 이유는 세 가지로 요약할 수 있습니다.

첫째, 말이 많으면 본질에서 멀어집니다. 설명을 거듭할수록 핵심은 흐려지고 불필요한 해석은 쌓입니다. 진정한 지혜는 단순하고 명료합니다.

둘째, 진정으로 모르는 사람일수록 아는 체하기 쉽습니다. 심리학의 '더닝 크루거 효과(Dunning-Kruger effect)'는 실력을 과대평가하는 이들이 오히려 무지할 가능성이 크다는 사실을 보여 줍니다. 앎은 자신의 부족함을 인식하는 데서 시작됩니다.

셋째, 언어는 흐르는 이치를 고정시킵니다. 세계는 끊임없이 변화하지만, 말로 규정하는 순간 살아 있는 움직임을 고정된 틀에 가두게 됩니다. 노자는 세상을 있는 그대로 경험하라고 가르칩니다.

오늘날 사람들은 끊임없이 말을 쏟아 내는 시대를 살아갑니다. 그러나 침묵은 결코 소극적인 태도가 아닙니다. 진리를 삶에 새기기 위한 능동적인 선택입니다. 침묵 속에서 우리는 말의 무게와 책임을 되새기게 됩니다.

말을 하기 전에 자신에게 물어볼 필요가 있습니다. "나는 진심으로 이해하고 있어서 이 말을 하는가, 아니면 그저 말하고 싶어서 말하는가?"

노력하는 사람에게 힘이 되는 친구

공자의 벗

"벗이 있어 멀리서 찾아오니, 이 또한 즐겁지 아니한가"

《논어》

070 사람은 살면서 수많은 인연을 만납니다. 어떤 인연은 스쳐 지나가고, 어떤 인연은 오래도록 마음에 남습니다. 그중에서도 비슷한 길을 걷고 비슷한 생각을 나눌 수 있는 벗을 만나는 일은 삶에 깊은 기쁨을 안겨 줍니다.

공자는 《논어》에서 이렇게 말했습니다. "배우고 때때로 익히니 기쁘지 않은가. 벗이 먼 곳에서 찾아오니 또한 기쁘지 않은가" 그는 배움과 우정을 따로 보지 않았습니다. 함께 배우고 함께 익히는 과정에서 맺어지는 인연이야말로 진정한 벗이라 여겼습니다.

진심으로 배움을 추구하며 묵묵히 자신의 길을 걷는 사람은 결국 뜻이 맞는 이들과 만나게 됩니다. 이런 만남은 우연처럼 보이지만, 실은 삶의 태도와 지속적인 노력이 빚어낸 결과입니다. 성실한 삶은 결국 공명하는 마음을 부르고, 그 공명 속에서 우정은 자라납니다.

음악가가 같은 열정을 지닌 연주자와 만날 때, 연구자가 자신의 관심을 공유하는 동료를 만날 때, 깊은 교감이 생깁니다. 그런 순간은 단순한 친분을 넘어 서로의 길을 비추는 거울이 됩니다. 외로운 시간 속에서도 방향을 잃지 않고 나아가는 이에게는 언젠가 같은 하늘을 바라보는 벗이 도착합니다.

공자는 말합니다. 벗이 먼 곳에서 찾아오는 기쁨은 단지 사람을 만나는 일이 아닙니다. 그것은 오랜 시간 갈고닦은 삶의 진심이 닿는 순간입니다. 그런 만남은 단순한 위로를 넘어 함께 성장해 갈 수 있는 희망이 됩니다.

◆

공자(B.C. 551~B.C. 479)는 중국 춘추시대의 사상가이자 유교의 창시자로, 인간답게 사는 길을 '인(仁)'과 '예(禮)'의 실천에서 찾았다. 그는 덕 있는 군자가 되는 것을 이상으로 삼았고, 타인을 존중하고 자신의 행동을 절제하는 삶을 강조했다.

무엇에 에너지를 쏟고 있는가

손택의 목적과 수단

> **"자신의 일을 사랑하는 것은 자신을 사랑하는 한 방법이며, 이는 다른 사람들을 더 자유롭게 사랑할 수 있게 한다."**
>
> 《죽음의 키트(Death Kit)》

071 사람들은 흔히 일을 생계를 위한 활동으로, 사랑을 감정의 문제로 나누어 생각합니다. 그러나 수전 손택은 이 두 영역이 서로 깊이 연결되어 있다고 말합니다. 겉으로 보기에는 '일에 몰두하는 것'과 '일을 사랑하는 것'이 비슷해 보일 수 있으나, 두 태도는 전혀 다른 삶의 결과를 만들어 냅니다.

손택의 소설 《죽음의 키트》는 현대인의 노동과 자아 사이의 갈등을 조명합니다. 주인공 디디는 현미경 제조 회사에서 광고를 담당하며, 겉으로는 사회적 성공을 이뤘지만 내면의 공허함에 시달립니다. 그는 "나는 사람들이 세상을 더 잘 보도록 돕는다고 생각했어. 하지만 알고 보니 허상만 만들어 내고 있었던 거야"라고 말하며 자신의 일에 대한 환멸을 드러냅니다.

많은 사람이 디디처럼 살아갑니다. 매일 늦게까지 일하고, 주말에도 메일을 확인하며, 휴가 중에도 회사 걱정을 놓지 못합니다. 그러나 "왜 그렇게까지 일하느냐"라는 질문에는 명확한 대답을 내놓지 못합니다. "해야 하니까", "남들도 그렇게 하니까"라는 말이 돌아올 뿐입니다.

프랑스 철학자 시몬 베유는 "주의력은 가장 순수한 형태의 관대함"이라고 말했습니다. 무엇에 주의를 기울이는가가 곧 그 사람의 삶을 결정합니다. 의미 없는 일에 에너지를 소진하면 자아는 점점 흐려지고, 결국 자신을 잃게 됩니다. 반복적인 업무에 몰두한 디디처럼 인간은 점차 기계처럼 움직이게 되며, 마르크스가 말한 '소외된 노동'의 상태에 빠지게 됩니다.

자신이 누구인지 모르는 사람은 스스로를 사랑할 수 없습니다. 자기 자신에 대한 이해 없이 타인을 깊이 사랑하는 것도 어렵습니다. 손택이 "자신의 일을 사랑하는 것은 자신을 사랑하는 방법"이라고 말한 이유가 바로 여기에 있습니다.

손택은 단지 일과 삶의 균형을 말한 것이 아닙니다. 삶의 일부로서의 일을 받아들이고, 그 안에서 자신을 발견하려는 태도를 강조했습니다. 일은 그 자체로 목적이 될 수는 없지만, 자신과 삶을 이해하는 창이 될 수 있습니다. 손택이 말하고자 한 것은 바로 이것입니다. 일이 인간을 소진시키는 수단이 아니라 스스로를 온전히 살아가는 방식이 될 수 있다는 가능성입니다.

◆

수전 손택(1933~2004)은 미국의 작가이자 문화비평가로, 예술·질병·전쟁·정치 등을 예리하게 분석한 20세기 대표 지성이다. 저서 《해석에 반대한다》, 《은유로서의 질병》, 《타인의 고통》에서 이미지와 고통, 감각의 문제를 새롭게 조명했다.

◆

필로소피 TO DO LIST

"진정 아는 이는 말하지 않고, 말하는 이는 알지 못한다."

《도덕경》

침묵을 지키며 살기 위한 TO DO LIST

- [ ] _____
- [ ] _____
- [ ] _____
- [ ] _____
- [ ] _____
- [ ] _____
- [ ] _____
- [ ] _____

◆

필로소피 다이어리

공감 가는 철학자의 말을 쓰고, 어떤 느낌과 생각이 드는지 정리해 보세요.

◆

더 나은 삶을 위한 필로소피 만다라트

마음에 남은 철학자의 문장을 중심에 두고, 각 칸에 떠오른 생각이나 바꾸고
싶은 태도를 적어 보세요.

	철학자의 문장	

6장

생각이 바뀌면
삶도 달라진다

| 태도를 바꾸는 철학 노트 |

인정받고 싶다면 먼저 나를 인정하라

플라톤의 인정 욕구

"지혜로우며 영혼 전체를 돌보는 이성적 원리가 다스려야 하고, 격정적이고 혈기 넘치는 원리는 이에 복종하고 협력해야 하지 않겠습니까?

《국가》

072 살다 보면 이성과 감정이 충돌하는 순간을 자주 마주하게 됩니다. 머리로는 옳다고 판단하면서도, 마음은 전혀 다른 방향으로 움직이려 할 때가 있습니다. 건강을 위해 단 음식을 줄여야 한다는 사실을 알면서도 초콜릿 케이크 앞에서는 쉽게 망설여지지요.

플라톤은 인간의 영혼을 세 부분으로 나누어 설명하였습니다. 이성은 옳고 그름을 판단하는 힘이며, 욕망은 생존과 쾌락을 추구하는 본능입니다. 그리고 기개는 자존심, 명예, 분노, 인정받고 싶은 감정 등과 관련된 영역입니다. 기개는 '내가 누구인가'와 관련한 감각이며, 가치 있는 존재로 보이고자 하는 마음에서 비롯됩니다.

플라톤은 이성이 기개와 욕망을 조화롭게 이끌어야 균형 잡힌 삶이 가능하다고 보았습니다. 예를 들어, 직장에서 부당한 일을 겪어 분노가 치밀 때 이성은 냉정하게 상황을 판단하고 대응하라고 말합니다. 맛있는 음식을 과하게 먹고 싶을 때도 이성은 건강을 고려해 절제를 요구하지요. 이성이 중심을 잡을 때 삶은 보다 단단하고 안정된 방향으로 나아갈 수 있습니다.

오늘날 주목해야 할 부분은 '기개', 즉 인정받고자 하는 마음입니

나의 철학 노트

다. 이는 성장과 발전의 중요한 원동력이 됩니다. 상사의 진심 어린 칭찬이나 친구의 따뜻한 말 한마디는 자존감을 북돋우고 삶에 활력을 줍니다.

그러나 이 욕구가 이성의 조율 없이 작동하면 부작용이 생깁니다. 성과에 집착하거나 과도한 경쟁에 몰두하고 타인을 깎아내리는 태도로 이어질 수 있습니다. SNS에서 '좋아요' 수에 집착하거나 타인의 평가에 휘둘려 스스로를 잃는 일도 많습니다.

플라톤은 《국가》에서 이성이 영혼 전체를 이끌어야 한다고 강조하였습니다. 우리 내면에서도 이성이 기개와 욕망을 조율할 때 감정에 휘둘리지 않고 중심을 지키는 삶을 살아갈 수 있습니다.

인정받고 싶은 마음은 인간다운 감정입니다. 다만 그것이 삶을 흔드는 중심이 되지 않도록 이성의 빛으로 잘 비추어야 합니다. 그럴 때 인정욕구는 약점이 아니라 우리를 한 단계 성장시키는 힘이 됩니다.

악은 더 큰 선을 위한 조건이다

아퀴나스의 악과 선

"악이 세상에 존재하는 것은 신의 무능함이나 무지 때문이 아니다. 오히려 그의 지혜로운 섭리와 위대한 선함으로 인해 사물들 속에 다양한 등급의 선이 존재하게 되는 것이다."

《권능론》

073 버스를 놓쳐 중요한 약속에 늦었을 때, 갑작스러운 병으로 오랫동안 준비한 계획이 무산되었을 때, 우리는 종종 이렇게 되묻습니다. "왜 하필 나에게 이런 일이 일어나는가." 이러한 작고 일상적인 불운에서부터 전쟁, 질병, 자연재해와 같은 비극적인 사건에 이르기까지, '악'은 우리에게 가장 근본적인 물음을 던집니다. 만약 선하고 전능한 신이 존재한다면 왜 이토록 많은 고통과 불의가 세상에 존재하는 것일까요?

13세기 신학자이자 철학자인 토마스 아퀴나스는 이 질문에 독특한 방식으로 접근하였습니다. 그는 악을 단순히 선과 반대되는 독립적인 실체로 보지 않았습니다. 대신 악은 선의 결핍, 즉 있어야 할 선이 부재한 상태라고 설명하였습니다.

이 말이 생소하게 들릴 수 있지만, 일상적인 예로 이해할 수 있습니다. 한겨울에 난방이 고장 나면 실내에 '추위'라는 어떤 물질이 들어온 것이 아니라 단지 따뜻함이 사라진 것입니다. 시력을 잃은 사람에게는 실명이라는 실체가 깃든 것이 아니라 볼 수 있는 능력이 결여된 것입니다. 마찬가지로, 아퀴나스가 말한 악이란 어떤 실체라기보다 본래 있어야 할 선의 결여 상태입니다. 어둠이 빛의 반대라기보다 빛이 없는 상태인 것처럼, 악은 선이 빠져나간 자리입니다.

그렇다면 여전히 의문은 남습니다. 전능한 신이 왜 이런 결핍을 허용하는 것일까요? 이에 대해 아퀴나스는, 때때로 악이 더 큰 선을 위한 조건이 된다고 보았습니다. 언뜻 역설적으로 들리지만, 우리의 경험 속에서도 납득 가능한 사례는 많습니다. 근육은 미세한 손상을 겪으며 강해지고, 아이는 수없이 넘어지며 걷는 법을 익힙니다. 고통 없는 성장, 실패 없는 배움은 거의 존재하지 않습니다.

아퀴나스의 관점은 우리가 겪는 불행과 고통을 무조건 피해야 할 나쁜 것으로만 보지 않도록 도와 줍니다. 때로는 그것이 더 깊은 성찰과 성장의 기회가 되기 때문입니다. 개인적인 좌절과 아픔 또한 단순한 악이 아니라 삶의 방향을 다시 세우는 계기가 될 수 있습니다.

악은 선과 단절된 완전한 타자가 아닙니다. 오히려 악은 선의 부족이나 결핍을 통해 선의 가치를 더욱 분명히 드러내는 배경이 됩니다. 고통 속에서조차 더 나은 삶을 향해 의미를 찾고자 하는 노력이야말로 아퀴나스가 말한 '더 큰 선'에 가까이 가는 길일 것입니다.

◆

토마스 아퀴나스(1225~1274)는 신앙과 이성을 조화시키려 한 스콜라 철학의 대표 인물이다. 아리스토텔레스 철학을 기독교 교리와 통합하며 신의 존재, 자연법, 인간 이성의 역할을 논리적으로 설명했다. 《신학대전》에서 그는 신학을 체계화하고, 이성과 계시가 함께 진리를 밝힐 수 있음을 주장했다.

남의 말보다 내 태도를 믿어라
공자의 평판

"마을의 선한 사람들이 그를 좋아하고, 선하지 않은 사람들이 그를 미워하는 것이 더 낫다."

《논어》

074 살면서 우리는 종종 남의 시선을 의식합니다. 처음 만난 사람과 대화할 때, 중요한 발표를 준비할 때, 또는 SNS에 사진을 올릴 때조차 타인의 반응을 신경 쓰곤 합니다. 친구, 직장, 가족 안에서도 좋은 평가를 받고 싶어 하지만, 모든 이에게 인정받으려 애쓰다 보면 정작 자신의 기준과 신념을 잃기 쉽습니다.

공자는 《논어》에서 모든 사람에게 사랑받는 것도, 모든 사람에게 미움받는 것도 바람직하지 않다고 말했습니다. 모두에게 사랑받는다는 것은 자신의 원칙 없이 타인의 기대에 맞추려는 것이고, 모두에게 미움받는다는 것은 자신의 행동을 되돌아봐야 한다는 신호일 수 있습니다.

모든 이에게 좋은 인상을 주려 하면 결국 원칙을 타협하게 됩니다. 직장에서 모든 기대를 만족시키려다 보면 해야 할 말을 삼키고, 중요한 결정을 놓치게 됩니다. 반대로 모두에게 비난받는다면 자신의 태도나 판단을 점검해 볼 필요가 있습니다. 그러나 정직한 말과 올바른 행동으로 인해 부정한 이들에게 미움을 산다면 오히려 바른 길을 걷고 있다는 증거일 수 있습니다.

기시미 이치로는 《미움받을 용기》에서 타인의 평가에 휘둘리지 않기 위해 '과제의 분리'를 실천해야 한다고 강조합니다. 내가 해야 할 일은 '나의 과제'이고, 타인이 그것에 어떤 반응을 보이느냐는 '타인의 과제'입니다. 바른 행동을 선택하는 것은 나의 몫이지만, 그것을 받아들일지는 상대의 선택입니다. 부모가 자녀에게 가르침을 줄 수는 있어도, 그것을 어떻게 받아들이는가는 자녀의 몫이라는 점과 같습니다.

진정한 평판은 다수의 인정이 아니라 바른 신념을 지키는 태도에서 비롯됩니다. 우리는 누구에게 인정받고 싶은지를 돌아보아야 합니다. 선한 이들에게 신뢰받고 부정한 이들에게 외면당하는 일은 오히려 옳은 방향으로 나아가고 있다는 신호일 수 있습니다.

때로는 미움받을 용기가 필요합니다. 인기 있는 부모보다 올바른 가치를 가르치는 부모, 아픈 진실을 말해 주는 친구, 편안한 거짓말 대신 불편한 진실을 선택하는 사람이 결국 더 깊은 신뢰를 얻게 됩니다.

모두에게 인정받으려 하기보다 자신의 가치를 알아보는 이들과 진정한 관계를 맺고, 스스로의 기준을 지키는 삶을 선택해야 합니다. 진정한 자유는 바로 그 선택에서 시작합니다.

◆

철학자의 문장 필사하기

"마을의 선한 사람들이 그를 좋아하고, 선하지 않은 사람들이 그를 미워하는 것이 더 낫다."

《논어》

"악이 세상에 존재하는 것은 신의 무능함이나 무지 때문이 아니다. 오히려 그의 지혜로운 섭리와 위대한 선함으로 인해 사물들 속에 다양한 등급의 선이 존재하게 되는 것이다."

《권능론》

필로소피 TO DO LIST

"지혜로우며 영혼 전체를 돌보는 이성적 원리가 다스려야 하고,
격정적이고 혈기 넘치는 원리는
이에 복종하고 협력해야 하지 않겠습니까?

《국가》

이성적으로 살기 위한 TO DO LIST

☐ _____

☐ _____

☐ _____

☐ _____

☐ _____

☐ _____

☐ _____

☐ _____

성공보다 더 중요하게 생각해야 할 것
샌델의 능력주의

"능력주의라는 이상은 불평등의 해결책이 아니라 불평등의 정당화다."
《공정하다는 착각》

075 우리 사회는 오랫동안 '열심히 노력하면 성공한다'라는 믿음을 사람들의 무의식에 심어 왔습니다. 시험을 통해 입학하는 대학, 경쟁을 통해 얻는 일자리, 성과에 따라 달라지는 보상 등 우리는 이런 시스템이 가장 공정하다고 배워 왔습니다. 그러나 하버드 대학교 교수 마이클 샌델은 이 공정이라는 개념 자체가 착각일 수 있다고 지적합니다.

샌델은 능력주의가 숨기고 있는 세 가지 진실을 이야기합니다. 첫째, 우리는 같은 출발선에서 시작하지 않습니다. 예를 들어, 부유한 가정의 자녀는 더 많은 교육 기회를 누릴 수 있지만, 가난한 가정의 자녀는 시작부터 불리한 환경에 놓입니다.

둘째, 성공과 실패를 온전히 개인의 책임으로 여기는 것은 착각입니다. 능력주의의 가장 교묘한 함정은 성공한 사람에게 과도한 자부심을, 실패한 사람에게는 깊은 자기 혐오를 심어 준다는 점입니다.

어떤 기업의 CEO가 "나는 하루 네 시간만 자며 회사를 일궜다"라고 말할 때 그는 자신이 누린 안정된 가정환경, 양질의 교육, 건강한 신체 조건, 운의 요소 등을 간과하고 있을 수 있습니다. 반대로 취업에 실패한 청년이 "내가 노력이 부족했어"라고 자책할 때, 그는 경기 침체로 인한 일자리 감소, 교육 기회의 격차, 사회적 연결망의 부재와 같은 구조적 요인을 보지 못하고 있을 수 있습니다.

셋째, 능력주의는 사회 구조의 문제를 개인 책임으로 돌리며 불평등을 은폐합니다. 주거 불안정, 교육 격차, 건강 불균형과 같은 많은 사회 문제는 개인의 노력만으로 해결하기 어려운 구조적 문제입니다. 능력주의는 이처럼 복잡한 문제를 개인 탓으로 돌림으로써 우리가 근본적인 해결책을 모색하지 못하게 만듭니다.

샌델은 개인의 성취만을 중시하는 태도를 넘어서 공동체적 연대의 중요성을 강조합니다. 사회는 협력과 상호 지지를 통해 함께 성장해야 합니다. 교육 기회의 불균형, 소득 격차, 특권의 세습과 같은 구조적 불공정은 반드시 바로잡아야 할 과제입니다.

진정한 성공은 높은 수입이나 명문대 진학에만 있는 것이 아닙니다. 공동체에 기여하고, 삶의 의미를 찾는 과정 자체가 성공입니다. 교사, 예술가, 연구자처럼 각자의 자리에서 가치를 만들어 내는 이들도 모두 의미 있는 성공을 이루고 있는 것입니다.

이제는 '내가 얼마나 성공했는가'보다 '우리 사회는 얼마나 공정한가'를 질문해야 합니다. 연대와 실질적인 공정성을 바탕으로 한 제도와 문화가 필요합니다. 그것이 모두를 위한 진정한 공정으로 나아가는 길입니다.

◆

마이클 샌델(1953~)은 미국의 정치철학자이자 하버드 대학교 교수로, 정의와 공동선에 관한 질문을 대중과 함께 고민해 온 인물이다. 샌델은 철학을 일상 속 윤리 문제와 연결하며, 민주주의 사회에서 우리가 어떤 가치를 기준으로 살아야 하는지를 질문한다.

이해보다 먼저 인정이 필요하다

레비나스의 전체성의 사고

> "만약 누군가가 타자를 소유하고 파악하고 알 수 있다면, 그것은 더 이상 타자가 아닐 것입니다. 소유하고, 알고, 붙잡는다는 것은 권력과 동의어입니다."
>
> 《시간과 타자》

076 어느 날 문득 오랜 친구, 부모, 형제자매, 또는 연인의 말이나 행동이 낯설게 느껴진 적은 없었습니까. '내가 정말 이 사람을 알고 있었던가'라는 의문이 드는 순간, 우리는 타인을 완전히 이해할 수 없다는 사실을 깨닫게 됩니다. 철학자 에마뉘엘 레비나스는 이 깨달음을 자신의 철학적 사유의 출발점으로 삼았습니다.

우리는 흔히 사람을 '안다'라고 말합니다. "그는 내향적인 편이야", "그는 낙천적이야"라는 식의 판단은 타인을 하나의 고정된 개념으로 환원하는 방식일 수 있습니다. 레비나스는 이를 '전체성의 사고'라 부르며, 사람을 범주 속에 분류하고 정리하려는 습관을 비판했습니다.

그러나 인간은 책처럼 모든 면을 읽어 내용을 파악할 수 있는 대상이 아닙니다. 레비나스는 타인을 본질적으로 '타자'라 보았습니다. 타자란 나와는 본질적으로 다른 존재이며, 결코 완전히 해석하거나 소유할 수 없는 대상입니다.

이러한 사유는 우리가 타인을 대하는 태도에 중요한 시사점을 줍니다. '그 사람을 안다'라고 단정하는 순간, 우리는 그 사람의 변화 가능성과 고유한 깊이를 외면하게 됩니다. 레비나스는 앎을 통한 소유를 경계하며, 타인을 자신의 지식 체계 안에 가두는 것이 일종의 지적 권력 행사라고 보았습니다.

"나는 너를 안다"라는 말에는 "나는 너를 통제할 수 있다"라는 함의가 숨어 있습니다. 그래서 그는 "소유하고, 알고, 붙잡는다는 것은 곧 권력의 또 다른 이름"이라고 말했습니다.

우리는 다양한 타자들과 함께 살아갑니다. 그러나 타인을 쉽게 이해했다고 믿으며 단순한 틀에 가두는 일이 많습니다. 진정한 관계는 타인을 완전히 이해하려는 데서가 아니라 다름을 인정하고 존중하는 데서 시작됩니다. 레비나스가 말했듯, 이해할 수 없음을 받아들이는 태도야말로 윤리적 존재로 살아가는 길입니다.

◆

에마뉘엘 레비나스(1906~1995)는 리투아니아 태생의 프랑스 철학자로, 윤리를 철학의 출발점으로 삼은 독창적인 사상가다. 그는 타인의 얼굴에서 느끼는 책임감을 인간 존재의 핵심으로 보았고, '타자에 대한 응답'이 모든 철학과 존재론보다 앞선다고 주장했다. 전통 철학이 자아 중심이었다면, 레비나스는 타자를 향한 책임과 만남에서 윤리의 가능성을 모색했다.

소중할수록 적당한 거리가 필요한 이유
배유의 부재의 현존

> "이웃한 감방의 두 수감자가 벽을 두드려 서로 소통한다. 그 벽은 그들을 갈라놓는 장벽이면서도, 동시에 소통의 수단이 된다. 우리와 하느님의 관계도 마찬가지다."
>
> 《중력과 은총》

두 사람이 있습니다. 감옥의 인접한 독방에 갇혀 있습니다. 서로를 볼 수도, 직접 말을 건넬 수도 없습니다. 단단한 콘크리트 벽이 그들 사이를 완전히 가로막고 있지요. 하지만 그들은 절망하지 않습니다. 대신 천천히, 규칙적으로 벽을 두드립니다. 약속된 신호로 이야기를 나눕니다. 그 벽은 분명 장벽이지만, 동시에 소통의 통로가 됩니다.

전화기를 잃어버린 적이 있나요? 또는 인터넷이 갑자기 끊겨 연결되지 않았던 경험은요? 처음엔 불편하지만, 그 순간 우리는 평소에 당연하게 여겼던 연결의 가치를 새삼 깨닫게 됩니다. 철학자 시몬 베유는 이를 '부재의 현존(presence of absence)'이라 불렀습니다. 무언가가 없을 때 오히려 그것의 존재를 더 강하게 인식하게 된다는 역설이지요.

베유는 이 개념을 신과의 관계에 적용했습니다. 신은 보이지 않고 직접 말을 건네지도 않습니다. 그러나 이 부재는 그에게 단순한 결핍이 아니라 더 깊은 갈망과 성찰을 일으키는 조건이었습니다. 신이 항상 눈앞에 있다면 우리는 그를 찾으려 하지도, 생각하려 하지도 않을 것입니다.

나의 철학 노트

이 통찰은 인간관계에도 적용됩니다. 부모가 자녀의 모든 문제를 대신 해결하면 자녀는 성장할 기회를 잃습니다. 연인 사이에 적절한 거리감이 없다면 소유하려는 욕망이 커질 수 있습니다. 진정한 관계는 때로 거리와 침묵을 필요로 합니다.

행동경제학의 '손실 회피' 이론도 같은 맥락을 보여 줍니다. 사람들은 무언가를 얻는 것보다 잃는 것에 더 커다란 감정적 반응을 보입니다.

베유의 통찰은 건강한 인간관계를 위한 지혜를 제시합니다. 두 사람이 완전히 하나가 되는 것이 이상적인 관계처럼 보이지만, 실제로는 적절한 경계가 필요합니다. 베유의 감방 이미지는 그런 분리를 상징합니다. 벽이 있기에, 오히려 더 의미 있는 소통이 가능해집니다.

◆

시몬 베유(1909~1943)는 프랑스의 철학자이자 사회사상가로, 고통받는 이들과의 연대를 삶의 중심에 둔 인물이다. 노동자, 농민, 피억압자의 현실 속에서 철학과 신앙을 통합하려 했으며, 직접 공장 노동을 경험하며 사유를 실천으로 확장했다. 베유는 권력과 폭력, 주의(主義)의 맹목성을 비판하며, 타인의 고통 앞에서 침묵하지 않는 '주의 깊은 응시'를 강조했다.

◆

필로소피 다이어리

공감 가는 철학자의 말을 쓰고, 어떤 느낌과 생각이 드는지 정리해 보세요.

◆

필로소피 TO DO LIST

"만약 누군가가 타자를 소유하고, 파악하고, 알 수 있다면,
그것은 더 이상 타자가 아닐 것입니다.
소유하고, 알고, 붙잡는다는 것은 권력의 동의어입니다."

《시간과 타자》

다름을 이해하고 받아들이기 위한 TO DO LIST

☐ _____

☐ _____

☐ _____

☐ _____

☐ _____

☐ _____

☐ _____

☐ _____

완전한 사람은 존재하지 않는다
라캉의 사랑의 역설

"사랑이란 자신에게 없는 것을 주는 것, 그것도 원하지 않는 사람에게."

《세미나 XII》

078 인간은 태어나는 순간부터 결핍된 존재입니다. 혼자서는 살아갈 수 없고 언제나 무언가를 원하며 살아갑니다. 프랑스의 정신분석학자 자크 라캉은 이러한 결핍을 단순한 약점이 아니라 오히려 사랑의 출발점이라 보았습니다.

그는 "사랑이란 자신에게 없는 것을 주는 것이다"라고 말했습니다. 이 말은 처음 들으면 이해하기 어렵습니다. 어떻게 가지지 않은 것을 줄 수 있을까요? 우리는 흔히 무언가를 소유하고 있어야 그것을 나눌 수 있다고 생각합니다.

이 수수께끼 같은 문장을 부부 갈등의 예로 풀어볼 수 있습니다. "나는 충분히 사랑하고 있다고 느끼는데 왜 상대는 늘 부족하다고 말할까?" 한 사람은 최선을 다해 애정을 표현한다고 생각하지만, 상대는 여전히 무언가가 채워지지 않는다고 느낍니다.

라캉은 이처럼 사랑이 불일치와 오해로 가득할 수밖에 없다고 보았습니다. 사람은 타인이 진정으로 원하는 것을 알 수 없고, 자기 자신이 무엇을 결핍하고 있는지도 명확히 알지 못합니다. 그럼에도 서로에게 무언가를 건네려 합니다. 이때 "자신에게 없는 것을 준다"라는 사랑의 역설이 생겨납니다.

라캉은 사랑의 본질을 결핍에서 찾았습니다. 그리스 신화에서 사랑의 신 에로스는 결핍의 여신 페니아와 풍요의 신 포로스 사이에서 태어났습니다. 에로스는 어머니처럼 언제나 부족하고, 아버지를 닮아 충만함을 갈망하는 존재입니다.

욕망과 사랑은 다릅니다. 욕망은 결핍을 채우려는 시도입니다. "나는 외롭다, 그러니 네가 내 곁에 있어야 한다"라는 말은 욕망의 언어입니다. 반면에 사랑은 "나는 외롭고, 너 또한 그러하겠지. 서로의 부족함을 안고 함께 머무르자"라는 말에 가깝습니다. 욕망은 채우려 하지만, 사랑은 함께 견디려 합니다.

라캉은 사랑이 단순한 교환이 아니라 자신의 불완전함을 인식하고도 타인에게 다가가려는 태도라고 말합니다. 사랑은 내가 갖지 못한 것을 주려는 무모함, 그리고 그 불가능성을 껴안는 용기에서 시작합니다.

완전한 사랑은 존재하지 않습니다. 누구도 타인의 욕망을 완벽히 충족시킬 수 없고, 모든 결핍을 채울 수도 없습니다. 라캉은 오히려 이 불완전함과 불가능성을 인정하는 데서 진정한 사랑이 시작한다고 말합니다. 충족될 수 없기에 더 깊어지는 관계, 채워지지 않음 속에서 피어나는 연결, 그것이 그가 말한 사랑의 역설입니다.

◆

자크 라캉(1901~1981)은 프로이트 이론을 재해석해 언어, 욕망, 주체에 대한 새로운 이해를 제시한 인물이다. 그는 인간의 자아가 언어 안에서 형성되며, 우리가 진짜 원하는 것은 말로 표현할 수 없는 '결핍된 대상'이라고 보았다. '거울 단계', '타자의 욕망', '상징계' 등의 개념을 통해 인간이 어떻게 타인의 시선과 언어 속에서 주체가 되는지를 분석했다.

사자의 말을 이해하려면 사자가 되라
비트겐슈타인의 진정한 소통

"사자가 말을 할 수 있어도, 우리는 그 말을 이해할 수 없을 것이다."

《철학적 탐구》

079 "사자가 말을 할 수 있어도 우리는 그 말을 이해할 수 없다." 비트겐슈타인의 이 말은 단순한 비유가 아닙니다. 사자의 말을 이해하려면 사자의 삶을 살아 봐야 합니다. 예를 들어, 사자가 "배고프다"라고 말한다면, 그것은 인간이 느끼는 허기와는 전혀 다른 감각일 수 있습니다. 사자의 말은 인간의 언어로 번역될 수 없는 전혀 다른 세계를 배경으로 합니다.

비트겐슈타인에게 언어는 단순한 말의 나열이 아닙니다. 언어는 삶의 방식, 세계를 경험하는 틀 속에서 의미를 갖습니다. 초기에는 언어가 세계를 정확히 그리는 논리 구조라고 보았지만, 후기에는 언어를 '언어 게임'으로 이해했습니다. 장기나 축구처럼 언어도 그 때그때의 규칙과 맥락 속에서 의미를 얻는다는 것입니다. 아이가 "엄마"라고 말할 때 이는 단순한 지칭이 아니라 애정, 요청, 감정 표현일 수 있습니다.

비트겐슈타인의 통찰은 다른 문화나 언어를 이해할 때도 적용됩니다. 에스키모어에는 눈을 나타내는 단어가 수십 가지 있습니다. 반면, 눈이 드문 지역의 사람들은 그 차이를 구분할 필요조차 없습니다. 아마존의 피라한 부족은 숫자나 시간 개념이 없는 언어를 씁니다. 그들의 언어를 이해하려면 단어를 번역하는 것만으로는 부족합니다. 그들이 살아가는 세계 전체를 이해해야만 비로소 그 말의 의미를 알 수 있습니다.

진정한 소통은 단어의 뜻을 아는 데서 그치지 않습니다. 상대의 말이 태어난 삶의 배경, 감정, 맥락을 함께 느끼려는 노력이 필요합니다. 예를 들어, 할머니가 스마트폰을 어려워할 때 기능을 설명하는 것보다 낯선 기술에 대한 불안을 헤아리는 것이 더 중요한 이해일 수 있습니다.

비트겐슈타인은 "언어는 삶의 거울이다"라고 말했습니다. 그 거울에 비친 모습을 이해하려면 그 삶 앞에 서 있는 사람을 먼저 이해해야 합니다.

지금 누군가의 말이 낯설게 들린다면 그 사람의 세계 안으로 들어가 보려는 마음을 가져야 하지 않을까요? 사자의 말을 이해하려면 잠시나마 사자의 눈으로 세상을 바라보는 7일이 먼저입니다.

슬퍼하는 마음만으로는 부족하다

손택의 연민

"연민은 불안정한 감정이다. 행동으로 옮기지 않으면 시들어 버리고 만다."

《타인의 고통》

080 TV에서 전쟁 장면을 보거나 거리에서 어려운 이웃을 마주하고, 친구의 힘든 이야기를 들을 때 가슴이 아팠던 경험이 있을 것입니다. 순간적으로 강한 연민을 느끼지만, 시간이 지나면 그 마음은 흐려지기 쉽습니다. 손택은 "연민은 불안정한 감정이어서, 행동으로 옮기지 않으면 시들어 버린다"라고 말했습니다.

《타인의 고통》에서 손택은 연민이 인간을 인간답게 만드는 소중한 감정이지만, 쉽게 사라지는 연약한 불꽃과도 같다고 설명합니다. 이 불꽃을 지키려면 행동이라는 연료가 필요합니다.

1972년, 베트남 전쟁 중 네이팜탄 공격을 받고 울며 달아나는 소녀의 사진은 전 세계를 충격에 빠뜨렸고, 반전 운동의 불씨가 되었습니다. 그러나 손택은 이러한 사진들이 순간적인 연민을 불러일으킬 수는 있어도, 반드시 행동으로 이어지는 것은 아니라고 지적합니다.

연민이 쉽게 사라지는 데는 여러 이유가 있습니다. 현대 사회는 고통스러운 장면을 끊임없이 접하게 하고, 이로 인해 '연민 피로'를 겪게 만듭니다. 타인의 고통이 구경거리처럼 소비되거나, "내가 무엇을 할 수 있을까"라는 무력감, 남의 일이라는 거리두기 또한 연민을 약화시킵니다.

손택은 사진이 단순한 기록이 아니라 사진가의 시선과 해석이 담긴 결과물이라고 강조합니다. 1993년, 케빈 카터가 촬영한 기아에 시달리는 아이와 그 뒤에 서 있는 독수리의 사진은 퓰리처상을 받았지만, 그가 아이를 도왔는지에 대한 논란이 일었습니다. 카터는 "나는 사진작가일 뿐"이라고 말했지만, 많은 사람은 그가 인간으로서의 책임을 다하지 않았다고 비판했습니다.

'고통을 목격했을 때 인간의 책임은 무엇인가', '단순히 연민을 느끼는 것으로 충분한가, 아니면 더 적극적인 행동이 필요한가' 등등 이 사건은 고통의 이미지가 단순한 감정적 반응을 넘어 깊은 윤리적 질문을 던진다는 사실을 보여 줍니다.

손택은 사진이 고통을 보여 주는 데 그치지 않고, 그 원인을 깊이 사유하게 해야 한다고 말합니다. 네이팜탄 소녀의 사진을 보고 단순히 불쌍하다고 느끼는 데서 멈추지 않고 왜 이런 일이 벌어졌는지, 누구의 책임인지, 어떻게 이런 비극을 막을 수 있을지를 고민해야 한다는 것입니다.

타인의 고통에 대한 연민은 전쟁 사진 속에만 있는 것이 아닙니다. 모든 인간관계 속에서 연민은 인간과 인간을 연결하는 다리가 됩니다. 이 다리를 튼튼하게 유지하려면 단순한 감정을 넘어선 책임 있는 행동이 필요합니다.

철학자의 문장 필사하기

"사랑이란 자신에게 없는 것을 주는 것, 그것도 원하지 않는
사람에게."

《세미나 XII》

"연민은 불안정한 감정이다. 행동으로 옮기지 않으면 시들어
버리고 만다."

《타인의 고통》

◆

필로소피 다이어리

공감 가는 철학자의 말을 쓰고, 어떤 느낌과 생각이 드는지 정리해 보세요.

단지 아는 것만으로는 부족한 이유

공자의 배움

"지식을 좋아하되 배우기를 좋아하지 않으면, 그 폐단은 방탕함에 이르게 된다."

《논어》

081 우리는 스마트폰을 집어 들면 세상의 모든 정보가 손끝에 닿는 시대에 살고 있습니다. 영상 한 편으로 새로운 지식을 얻고, 검색 한 번으로 궁금증을 해소할 수 있습니다. 하지만 왜 이렇게 많은 정보 속에 있으면서도 종종 허전함을 느끼게 될까요?

지식을 사랑하는 마음은 귀중한 덕목이지만, 그것이 진정한 배움으로 이어지지 않으면 허영이나 자기만족에 머무르고 맙니다. 공자는 배움 없는 앎을 '방탕(蕩)'이라 불렀습니다. 이는 물처럼 정처 없이 흘러다니는, 중심 없는 지식을 뜻합니다.

앎은 정보를 머릿속에 담는 일입니다. '당근은 비타민 A가 풍부하다'는 사실을 아는 것처럼요. 반면 배움은 그 지식이 삶을 바꾸는 과정입니다. 실제로 식단에 당근을 정기적으로 포함시키고 건강에 어떤 변화를 주는지 경험하는 것이 바로 배움입니다.

공자에게 배움의 목적은 단순한 정보 수집이 아니었습니다. 그것은 인격을 다듬고 세상을 더 나은 방향으로 이끄는 여정이었습니다. 《논어》에서도 "배우고 때때로 익히면 기쁘지 않겠는가(학이시습지 불역열호, 學而時習之 不亦說乎)"라고 말했습니다. 여기서 습(習)은 단순한 반복이 아니라 체화(體化), 즉 삶 속에 깊이 스며드는 실천을 의미합니다.

자전거 타기를 생각해 보세요. 자전거의 구조와 원리를 책으로 백 번 읽어도 직접 페달을 밟고 균형을 잡는 경험이 없다면 자전거를 탈 수 없습니다. 넘어지고, 다시 일어서고, 또 넘어지는 과정을 거치며 몸으로 익히는 것이 바로 배움입니다. 이것이 공자가 말한 참된 학습입니다.

오늘날에도 방탕한 지식은 넘쳐납니다. 누구나 운동이 건강에 좋다는 사실은 알고 있지만, 이를 꾸준히 실천하는 사람은 많지 않습니다. 리더십이나 인간관계에 관한 책이 수없이 팔리지만, 조직 내 갑질과 관계의 어려움은 여전히 존재합니다. 이는 배움 없는 앎이 얼마나 허약한지를 보여 줍니다.

지금 알고 있는 것 가운데 실제로 실천하고 있는 것은 얼마나 될까요? 공자가 경계한 방탕에 머무르지 않기 위해, 오늘부터 하나의 앎이라도 삶으로 옮겨 보는 것은 어떨까요? 진정한 배움은 지식의 양이 아니라 그 지식을 살아내는 태도에서 시작합니다.

◆

더 나은 삶을 위한 필로소피 만다라트

마음에 남은 철학자의 문장을 중심에 두고, 각 칸에 떠오른 생각이나 바꾸고
싶은 태도를 적어 보세요.

	철학자의 문장	

7장

함께하는 삶이
행복한 내일을 만든다

| 나와 세상을 잇는 철학 노트 |

내가 가진 성품이 삶의 방향을 결정한다
헤라클레이토스의 성품

"성품이 운명이다."

《단편집》

082 고대 그리스 철학자 헤라클레이토스는 "사람의 성품 (ethos)이 그의 운명을 만든다"라는 의미심장한 말을 남겼습니다. '성품'이라는 단어를 들으면 무엇이 떠오르나요? 단순히 '착하다' 또는 '신중하다'와 같은 성격 특성일까요? 헤라클레이토스가 말한 성품은 이보다 훨씬 더 깊은 개념입니다. 그것은 우리가 생각하는 방식, 느끼는 방식, 행동하는 습관, 가치를 두는 것들, 그리고 세상을 바라보는 태도까지 모두 포함하는 '존재의 방식'입니다.

오래된 나무를 자르면 나이테가 드러납니다. 각각의 선은 한 해의 기록입니다. 비가 많이 온 해, 가뭄이 든 해, 산불이 있었던 해… 모든 경험이 나무에 새겨집니다. 우리의 성품도 이와 같습니다.

성품은 하루아침에 형성되지 않습니다. 매일의 작은 선택과 반응, 습관이 쌓여 우리의 성품을 만들어 갑니다. 지하철에서 노약자에게 자리를 양보하는 결정, 화가 날 때 잠시 멈춰 숨을 고르는 습관, 어려운 문제 앞에서 포기하지 않고 도전하는 태도, 이처럼 사소해 보이는 순간들이 모여 우리의 성품을 빚습니다.

제임스는 "행동을 심어라, 습관을 거두리라. 습관을 심어라, 성격을 거두리라. 성격을 심어라, 운명을 거두리라"라고 말했습니다. 이는 헤라클레이토스의 통찰을 현대적으로 풀어낸 표현이기도 합니다.

주목할 점은, 성품은 타고난 것이 아니라 스스로 만들어 갈 수 있다는 사실입니다. 음악가가 꾸준한 연습을 통해 더 깊은 음악성을 키워가듯, 누구나 자신 안의 품성을 단련할 수 있습니다. 그것이 곧 자신의 운명을 만들어 가는 길입니다.

미국의 자기계발 전문가 제임스 클리어는 《아주 작은 습관의 힘》에서 "우리 삶을 결정짓는 것은 목표가 아니라 습관"이라고 말합니다. 습관은 단순한 행동의 반복이 아니라 정체성과 성품을 형성하는 뿌리입니다. 매일 조금씩 나아지는 습관은 1년 후 큰 변화와 진보를 가져오지만, 나쁜 습관을 방치하면 삶은 어느새 퇴보하게 됩니다.

결국 우리의 삶은 거창한 목표가 아니라 날마다 이어지는 작은 습관으로 만들어집니다. 바른 품성을 지닌 사람은 좋은 습관을 들이고 그 습관은 꾸준한 변화를 이끕니다. 원하는 삶을 살고자 한다면, 거창한 다짐보다 작고 성실한 행동을 매일 이어가는 것이 중요합니다. 진짜 운명은 그렇게 쌓입니다.

◆

헤라클레이토스(B.C. 535?~B.C. 475?)는 만물은 끊임없이 변화한다고 본 '만물 유전' 사상의 대표 인물이다. 그는 "같은 강물에 두 번 들어갈 수 없다"라는 말로 세계는 끊임없는 흐름과 대립 속에서 움직인다고 보았다. 그의 사상은 서양 철학의 근본 문제인 존재와 변화의 관계를 깊이 있게 제기한 것으로 평가받는다.

나의 시련이 나의 향기가 된다
베이컨의 사람의 향기

> "덕이란 귀한 향료와도 같아서, 불에 타거나 으스러질 때 가장 그윽한 향기를 뿜
> 어낸다. 사람도 마찬가지로 순탄한 시절에는 허물이, 어려운 시절에는 덕이 가장
> 선명히 드러나는 법이다."
>
> 《베이컨 수상록》

083 삶에는 순탄한 날도 있고, 예기치 않은 시련과 마주하는 순간도 있습니다. 넉넉한 시간과 자원이 있을 때는 대개 인심도 너그러워집니다. 그러나 불확실성과 고난 앞에서는 본모습이 쉽게 드러납니다. 그렇다면 시련 속에서 우리는 어떤 향기를 피워내고 있을까요?

철학자 프랜시스 베이컨은 "평안할 때는 결점이, 역경 속에서는 덕이 드러난다"라고 말했습니다. 근대 과학의 아버지로 알려진 그는 과학적 탐구뿐 아니라 인간 본성과 도덕에도 깊은 관심을 가졌습니다. 베이컨은 부유할수록 허영과 교만이, 권력이 클수록 이기심이 드러난다고 지적했습니다. 반면에 고난의 시기에는 연대와 절제가 빛난다고 강조했습니다.

베이컨이 덕을 향료에 비유한 것은 매우 통찰력 있는 표현입니다. 향신료는 그냥 두면 향이 미미하지만, 불에 타거나 으스러질 때 가장 강렬한 향기를 발산합니다. 계피를 생각해 보면 쉽게 이해할 수 있습니다. 그대로 두면 별 향이 나지 않지만, 갈아서 차에 넣거나 요리에 사용할 때 비로소 그 풍부한 향이 퍼집니다.

우리의 덕목도 마찬가지입니다. 인내심은 모든 것이 순조로울

때가 아니라 지치고 힘든 상황에서 진정한 가치를 드러냅니다. 용기는 두려움이 없을 때가 아니라 두려움에도 불구하고 행동할 때 빛납니다. 연민은 여유로울 때가 아니라 자신도 어려운 상황에서 타인의 고통에 마음을 열 때 진정한 의미를 가집니다.

현대 심리학은 베이컨의 통찰을 과학적으로 뒷받침합니다. 펜실베이니아대 심리학자 앤젤라 더크워스는 '그릿(Grit)'이라는 개념을 통해, 장기적 성공을 결정짓는 것은 타고난 재능이 아니라 역경 속에서도 목표를 향해 나아가는 끈기와 열정이라고 밝혔습니다.

더크워스의 연구에 따르면, 웨스트포인트 사관학교에서 가장 힘든 첫 여름 훈련을 완수하는 데 있어 결정적이었던 요소는 학생들의 체력이나 IQ보다 그릿 점수였습니다. 그릿이 높은 사람은 실패나 좌절을 성장의 기회로 활용하며, 시련을 통해 오히려 더 강해집니다.

고난의 시기에야 비로소 드러나는 사람의 향기, 지금 당신은 어떤 향기를 피워내고 있습니까? 이 물음에 귀 기울이는 순간 우리는 한 걸음 더 성숙해질 수 있습니다.

◆

프랜시스 베이컨(1561~1626)은 영국의 철학자이자 과학 사상가로, 경험과 관찰에 기초한 과학적 사고를 강조한 인물이다. 그는 기존의 추상적 사유를 비판하고, 자연을 이해하려면 실험과 경험을 통해 지식을 얻어야 한다고 주장했다.

생각없는 복종은 왜 위험한가
아렌트의 악의 평범성

"가장 안타까운 사실은, 악행의 대부분이 선과 악에 대해 진지하게 고민하지 않은 사람들에 의해 저질러진다는 점이다."

《정신의 삶》

084 우리는 뉴스를 통해 끔찍한 범죄를 접할 때, 악행을 특별한 괴물의 소행으로 여기기 쉽습니다. 하지만 정치철학자 한나 아렌트는 이러한 생각이 위험한 착각이라고 경고했습니다.

1963년 《예루살렘의 아이히만》에서 아렌트는 '악의 평범성(banality of evil)'이라는 개념을 제시했습니다. 그는 홀로코스트의 실행자였던 아돌프 아이히만의 재판을 지켜본 뒤, 충격적인 사실을 기록했습니다. 수많은 유대인을 죽음으로 보낸 아이히만은 광적인 반유대주의자나 괴물이 아니라 놀라울 만큼 평범한 관료였습니다. 아렌트는 그의 가장 두드러진 특징을 '생각하지 않음(thoughtlessness)'이라 보았습니다.

아이히만은 "나는 명령을 따랐을 뿐"이라고 반복했습니다. 자신의 행동이 초래할 결과를 깊이 생각하지 않았고, 타인의 입장에서 상황을 바라보지도 않았습니다. 그는 시스템 안에서 맡은 역할만 수행했을 뿐이라는 태도로 일관했습니다.

이 통찰은 오늘날에도 유효합니다. 회사에서 부당한 지시를 받고도 "어쩔 수 없다"라며 따르거나, 사회의 문제를 "내 일이 아니다"라며 외면할 때 우리는 생각하지 않음의 위험을 반복합니다. 확인되지 않은 정보를 무비판적으로 퍼 나르거나 온라인에서 쉽게 타인을 비난하는 태도도 역시 같은 맥락입니다.

1961년 심리학자 스탠리 밀그램의 실험은 권위에 복종하는 태도가 어떻게 악행으로 이어질 수 있는지를 보여 줍니다. 실험 참가자는 선생님 역할을 맡고, 연기자는 학생 역할을 맡아 학생이 틀릴 때마다 전기 충격을 가하는 실험이었습니다. 처음에는 가벼운 자극으로 시작했지만, 연구자의 계속하라는 말에 따라 약 65퍼센트의 참가자는 '위험'이라는 경고가 붙은 450V까지 학생에게 전기 충격을 가했습니다. 불안해하면서도 "그저 지시에 따랐을 뿐"이라는 말로 책임을 회피한 겁니다.

밀그램의 실험은 아렌트가 경고한 '생각 없는 복종'이 악의 토대가 될 수 있다는 점을 분명히 보여 줍니다. 평범한 사람도 도덕적 판단 없이 행동할 때 심각한 결과를 초래할 수 있습니다.

아렌트는 생각하는 삶의 중요성을 강조했습니다. 진정한 자유와 책임은 깊이 생각하는 데서 시작됩니다. 오늘 당신의 선택 앞에 잠시 멈추어 질문해 보아야 하지 않을까요?

◆

한나 아렌트(1906~1975)는 독일 출신의 정치철학자로, 권력·악·자유를 깊이 사유한 20세기 대표 사상가다. 그는 전체주의의 본질을 분석한 《전체주의의 기원》과, 평범한 인간이 어떻게 악을 저지를 수 있는지를 묻는 《예루살렘의 아이히만》에서 '악의 평범성' 개념을 제시했다. 아렌트는 인간은 생각하고 판단할 때 비로소 정치적 존재가 된다고 보았으며, 시민의 참여와 책임을 민주주의의 핵심으로 강조했다.

매일 쓰는 말에 악마가 깃든다
아렌트의 클리셰

"그는 상투적 표현을 사용하지 않고는 한 문장도 진정성 있게 말하지 못했다."
《예루살렘의 아이히만》

085 누군가와 대화할 때 그 사람이 자신의 진솔한 생각을 말하지 않고 어디선가 주워 들은 상투적인 표현만 되풀이한다면 어떨까요? 우리는 뉴스, 정치인의 연설, 기업의 홍보 문구 등에서 익숙한 표현들을 자주 접합니다. "국민을 최우선으로 생각하는 결정", "최상의 품질을 약속드립니다", "새로운 시대의 서막을 열다" 같은 말들은 구체적 의미 없이 공허하게 들릴 때가 많습니다.

아렌트는《예루살렘의 아이히만》에서 나치 전범 아돌프 아이히만을 '생각하는 능력이 결여된 인간'으로 규정했습니다. 그의 분석에 따르면, 아이히만은 깊은 악의를 품은 자가 아니라 그저 생각 없이 판에 박힌 말을 반복하는 평범한 관료였습니다. 그는 기억력이 좋지 않았음에도 자신이 중요하다고 여기는 사건을 이야기할 때는 항상 똑같은 표현을 한 치의 오차도 없이 되풀이했습니다. 이는 단순한 말버릇이 아니라 자신의 행동을 깊이 성찰하지 않는 태도를 드러내는 것이었습니다.

사람들이 상투적인 말에 기대는 것은 주변에서 들은 말을 깊이 생각하지 않고 받아들이기 때문입니다. 아이히만은 "공무원은 명령에 충실해야 한다", "나는 그저 지시를 따랐을 뿐이다"와 같은 말을 반복했습니다. 이러한 언어는 자신의 행동에 대한 책임을 회피하게 만들고, 윤리적 판단을 무디게 합니다. 그의 사례는 단순한 말버릇이 얼마나 심각한 윤리적 실패로 이어질 수 있는지를 경고합니다.

이러한 통찰은 오늘날 우리 사회를 이해하는 데 중요한 실마리를 제공합니다. 우리가 일상적으로 사용하는 언어는 단순한 소통 수단을 넘어 사회 구조와 권력 관계, 윤리적 책임과 깊이 연결되어 있습니다. 비트겐슈타인의 언어 게임 개념에 따르면, 언어는 특정한 맥락과 규칙 속에서 의미를 가지며, 사람들 사이의 상호작용을 통해 그 의미가 형성됩니다.

상투적 표현은 익숙하고 반복적으로 사용되지만, 현실의 복잡성을 단순화하거나 특정 가치관을 강화하는 역할을 합니다. 예를 들어 '시간이 약이다'라는 가치관은 문제 해결을 미루게 만들고, '뭉치면 살고 흩어지면 죽는다'라는 가치관은 집단 내 비판을 억압하는 도구가 되며, '젊을 때 고생은 사서도 한다'라는 가치관은 구조적 불평등을 개인의 책임으로 돌리는 데 활용될 수 있습니다. 이러한 표현들은 위로나 지혜처럼 보이지만, 실제로는 사회적 문제를 은폐하거나 기존 질서를 유지하는 데 기여할 수 있습니다.

◆

필로소피 TO DO LIST

"가장 안타까운 사실은, 악행의 대부분이
선과 악에 대해 진지하게 고민하지 않은 사람들에 의해
저질러진다는 점이다."

《정신의 삶》

깨어 있는 삶을 위한 TO DO LIST

☐ _____

☐ _____

☐ _____

☐ _____

☐ _____

☐ _____

☐ _____

☐ _____

◆

필로소피 다이어리

공감 가는 철학자의 말을 쓰고, 어떤 느낌과 생각이 드는지 정리해 보세요.

아는 것을 넘어 경지에 이르기 위해 필요한 것

장자의 도

> "처음 제가 소를 잡을 때는 소만 보였지만, 삼 년이 지난 뒤에는 더 이상 온전한 소를 보지 않게 되었습니다. 지금은 눈으로 보지 않고 마음으로 마주하며, 감각이 아니라 정신에 따라 자연스럽게 움직입니다."
>
> 〈포정해우〉

086 무언가를 배울 때 처음에는 작은 기술 하나하나에 집중하게 됩니다. 요리를 배우는 사람은 재료 손질, 불 조절, 칼질 같은 기본 동작조차 어렵게 느낍니다. 그러나 시간이 지나면 기술을 넘어 전체의 흐름을 파악하게 됩니다. 레시피 없이도 맛을 가늠하고, 감각적으로 익힘 정도를 알 수 있습니다.

장자는 포정이라는 백정의 이야기를 통해 도의 깨달음을 전합니다. 처음엔 단순한 기술로 소를 해체하던 포정은 시간이 흐르면서 소의 구조와 흐름을 직관적으로 이해하게 되었고, 마침내 칼이 스스로 길을 찾아 움직이는 경지에 이릅니다. 장자는 이를 통해 삶의 지혜란 억지로 힘을 들이는 것이 아니라 흐름에 순응하는 데 있음을 강조합니다.

장자가 들려주는 포정 이야기의 핵심은 단순한 기술 습득이 아니라 기술을 넘어서는 도(道)의 체득에 있습니다. 그렇다면 기술과 도의 차이는 무엇일까요?

기술은 '어떻게(how)'에 집중합니다. 단계별 절차, 명확한 규칙, 반복 연습을 통해 습득됩니다. 요리책의 레시피, 운전 매뉴얼, 악기 연주법과 같이 배우고 따라 할 수 있는 것들이죠. 기술은 의식적인 노력과 집중을 요구합니다.

반면, 도는 '왜(why)'와 '무엇(what)'에 대한 깊은 이해를 포함합니다. 도는 단순히 방법을 아는 것이 아니라 사물의 본질과 자연스러운 흐름을 이해하는 것입니다. 도를 체득한 사람은 규칙에 얽매이지 않고 상황에 맞게 자연스럽게 대응합니다. 마치 포정의 칼이 소의 구조를 따라 저절로 움직이는 것처럼요.

현대적 관점에서 이 차이는 심리학자 미하이 칙센트미하이가 말한 '플로우(flow)' 상태와도 연결됩니다. 플로우는 행위와 의식이 완전히 하나가 되어 자아마저 잊게 되는 최적의 경험 상태를 말합니다. 이는 포정이 '마음으로 마주하며' 경험한 경지와 놀랍도록 유사합니다.

포정의 칼처럼 삶을 다루는 것은 완벽을 추구하는 것이 아니라 자연의 흐름에 맞추어 조화롭게 살아가는 것입니다. 그것은 힘으로 밀어붙이는 것이 아니라 상황의 본질을 이해하고 그에 맞게 대응하는 것입니다.

오늘 당신의 삶에서 만나는 '소'는 무엇인가요? 그리고 당신의 '칼'은 어떻게 움직이고 있나요? 장자의 지혜가 우리 모두의 일상을 더 유연하고 조화롭게 만들어 주길 바랍니다.

실수를 품을 줄 아는 사람이 강하다

키르케고르의 삶의 태도

"삶은 앞으로 나아가며 살아야만 하는 것이지만, 뒤돌아봐야만 이해할 수 있다."
〈일기(1844)〉

087 살다 보면 갈 길을 잃고 헤맬 때가 있습니다. 마치 짙은 안개 속을 걷는 것처럼 앞날이 보이지 않고, 지금의 선택이 옳은지조차 확신할 수 없습니다. 그러나 시간이 지나 돌아보면 그 혼란과 시련조차 하나의 의미를 이루고 있었음을 깨닫게 됩니다. 키르케고르는 "삶은 앞으로 살아가야 하지만, 돌아봐야 이해할 수 있다"라고 말했습니다. 결과를 알 수 없는 미래를 향해 계속 나아가야 하지만, 그 의미는 오직 지나간 후에야 비로소 드러난다는 역설적 진실을 전하고 있습니다.

실존주의 철학의 선구자인 키르케고르는 인간의 불안과 선택, 그리고 신앙의 문제를 깊이 탐구했습니다. 그는 인간이 언제나 확실한 답 없이 선택을 내려야 하는 존재이며, 그 불안이야말로 삶의 진정한 실존이라고 강조했습니다. 우리가 불안할 때, 선택의 기로에 설 때, 죽음을 마주할 때, 그 순간들 속에서 우리는 자신의 실존을 가장 생생하게 느낍니다.

실패와 좌절이 두려워 아무것도 시도하지 않는 것은 더 큰 상실입니다. 성공이 보장되지는 않지만, 실패는 결코 인생의 종착역이 아닙니다. 오히려 실패 이후 그것을 어떻게 받아들이고 살아가는

가에 따라 인생의 깊이가 달라집니다.

신영복은 《감옥으로부터의 사색》에서 서예의 비유를 통해 삶의 태도를 이야기합니다. 서예에서 한 번 내리친 붓획은 되돌릴 수 없습니다. 잘못된 획은 지울 수도, 다시 시작할 수도 없습니다. 대신 다음 획을 어떻게 이어갈지를 고민하며 전체적인 조화를 만들어 내야 합니다. 때로는 실수라고 생각했던 획이 오히려 작품에 생동감을 불어넣기도 합니다.

우리의 삶도 이와 다르지 않습니다. 과거의 실수나 잘못된 선택은 지울 수 없습니다. 그러나 부정하거나 숨기려 하기보다는 있는 그대로 인정하고 그 위에 다음 선택을 이어가는 순간, 삶은 더 단단해지고 풍요로워집니다.

우리는 모두 안개 속을 걷고 있습니다. 다음 걸음이 어디로 이어질지 알 수 없지만, 그래도 멈추지 않고 걸어가야 합니다. 그리고 언젠가 뒤돌아보는 날에는 그 흐릿했던 길이 결국 우리만의 고유한 여정이었음을 깨닫게 될 것입니다.

우리가 풍요 속의 빈곤을 겪는 이유
보드리야르의 시뮬라크르

"우리는 정보는 넘쳐나지만, 정작 의미는 점점 줄어드는 세상에 살고 있다."

《시뮬라시옹》

088 아침에 눈을 뜨자마자 스마트폰을 집어 든 적이 있나요? 잠이 채 깨기도 전에 손가락은 이미 화면을 스크롤하고, 수십 개의 게시물과 뉴스 헤드라인을 스쳐 지나갑니다. 엄청난 양의 정보를 접하지만, 그 가운데 과연 무엇이 남았을까요? 프랑스 철학자 장 보드리야르는 이런 시대를 이미 40여 년 전에 예견했습니다.

그는 현대 사회를 '시뮬라크르(simulacre)의 시대'라고 불렀습니다. 이 낯선 개념은 '실체 없는 이미지', '원본 없는 복제'를 뜻합니다. 단순한 모방을 넘어, 현실과 단절된 이미지가 오히려 현실처럼 기능하는 상태를 말합니다. 보드리야르는 시뮬라크르의 발전 단계를 세 가지로 설명했습니다. 처음엔 현실의 단순 재현, 다음은 과장되고 왜곡된 형태, 마지막은 현실보다 더 현실처럼 느껴지는 '하이퍼리얼리티'입니다.

이 개념은 이론에 머물지 않습니다. 여행 사진을 올릴 때 우리는 수십 장 중 가장 아름다운 한 장만 선택합니다. 그 한 컷에는 비행기 연착, 더위, 피로 같은 실제 경험은 지워져 있습니다. 때문에 오히려 그 사진이 여행의 기억을 대신하게 됩니다. 정치에서도 정책이나 철학보다 정치인의 이미지가 더 많은 영향을 미칩니다. 이처럼 이미지가 실체를 대체하는 순간, 우리는 시뮬라크르의 세계 속에 있습니다.

보드리야르는 "정보는 넘쳐나지만 의미는 사라진다"라고 말했습니다. 수많은 콘텐츠를 소비하면서도 깊이 생각할 기회는 줄어들고, 현실을 경험하기보다 화면 속 이미지에 더 몰입하는 것입니다. 그는 이러한 시대에 스스로를 잃지 않기 위해 의식적으로 살아갈 것을 제안했습니다.

핵심은 단순한 정보 소비에서 벗어나 정보를 능동적으로 해석하고, 스스로 질문을 던지는 태도입니다. 또한 직접 몸으로 겪는 경험을 통해 현실과 연결되는 감각을 되찾아야 합니다. "오늘 내가 마주할 정보는 어떤 의미를 남길 것인가?"라며 스마트폰을 집어 들기 전에 자신에게 물어보며 말이지요.

우리는 시뮬라크르의 세계에서 살아가고 있지만, 그 안에서 길을 잃지 않을 방법은 분명 존재합니다. 진짜 삶은 화면 너머에 있습니다. 정보의 홍수 속에서도 삶의 본질을 붙잡기 위해서는 매 순간 내가 무엇을 보고 왜 보고 있는지를 끊임없이 되묻는 태도가 필요합니다.

◆

장 보드리야르(1929~2007)는 프랑스의 사회학자이자 철학자로, 현대 사회가 이미지와 기호로 가득 찬 '시뮬라크르의 시대'에 접어들었다고 주장한 인물이다. 그는 현실보다 더 현실처럼 보이는 복제된 이미지들이 실제를 대체하며, 진짜와 가짜의 경계가 사라졌다고 보았다.

과시욕에 영혼을 담지 말라
마르쿠제의 거짓 욕망

> "사람들은 상품 속에서 자신을 인식한다. 자신이 구입한 자동차, 하이파이 오디오, 복층 주택, 주방 기기에서 자기 영혼을 발견한다."
>
> 《일차원적 인간》

089 거리를 걷다 보면 어떤 브랜드의 가방을 들었는지, 어떤 신발을 신었는지에 따라 사람들을 판단하는 자신을 발견합니다. 새 휴대폰을 개봉할 때 설레고, 1년 뒤 새로운 모델이 출시되면 다시 구매 욕구가 살아나는 경험을 해 본 적이 있을 것입니다. 이런 감정들이 낯설지 않다면, 당신은 마르쿠제가 60년 전에 경고했던 세계 속에 살고 있는 것입니다.

헤르베르트 마르쿠제는 프랑크푸르트학파의 핵심 사상가로, 1964년 출간된 《일차원적 인간》에서 현대 산업사회의 소비 문화가 어떻게 인간의 자유와 의식을 제한하는지 날카롭게 분석했습니다. 그는 현대인이 '일차원적 인간'으로 전락했다고 진단합니다.

일차원적이라는 표현은 다차원적 사고와 비판 능력을 잃고, 주어진 사회 질서와 가치관을 무비판적으로 받아들이는 상태를 의미합니다. 마치 평면 위에서만 움직일 수 있는 존재처럼, 현대인은 소비 자본주의가 설정한 좁은 틀 안에서만 자신의 삶을 상상하게 되었다는 것입니다.

오늘날 많은 사람이 자신이 무엇을 소유했는지, 무엇을 소비했는지를 통해 자신을 정의합니다. 우리는 자유롭게 선택한다고 믿지만, 실은 이미 자본주의 체제가 만들어 낸 욕망의 틀 안에서 선택하고 있을 뿐입니다. 이것이 마르쿠제가 말한 '거짓 욕망'입니다.

마르쿠제는 마르크스의 '소외' 개념을 현대 소비사회에 확장했습니다. 마르크스가 노동자가 자신의 노동에서 소외된다고 보았다면, 마르쿠제는 현대인이 자신의 욕망과 정체성에서 소외된다고 보았습니다.

이런 소외로 인해 현대인들은 진정한 자아와 욕망을 잃고 사회가 주입한 이미지에 종속됩니다. 인간 관계는 상품을 통해 매개되며, 진정한 교류가 아닌 '과시'와 '비교'의 관계로 변질됩니다. 자연을 경험하기보다는 소비의 대상으로만 바라봅니다. 이런 소외는 현대인의 만성적인 불안과 공허함의 근원이 됩니다.

이러한 소비의 굴레에서 벗어나려면 사회가 주입한 가치관을 비판적으로 바라보고 경험과 관계, 성찰 속에서 진짜 가치를 찾아야 합니다.

오늘 쇼핑몰 대신 공원을 걸어 보는 건 어떨까요? 새 상품을 사는 대신 오래된 친구에게 안부를 전해 보는 건 어떨까요? 소비의 거울에서 벗어나 자신만의 의미를 찾는 여정, 그것이 바로 마르쿠제가 우리에게 권한 삶의 방향입니다.

바꿀 수 없는 것을 받아들이는 용기

니버의 지혜

> "하느님, 제가 바꿀 수 없는 것들을 받아들일 평온함, 바꿀 수 있는 것들을 변화시
> 킬 용기를, 그리고 그 차이를 아는 지혜를 허락해 주소서."
>
> 〈기도문〉

090 아침에 뉴스를 보며 경제 위기에 한숨짓고, 직장에서 동료의 행동에 불평하며, 집에서는 과거 선택을 후회한 적이 있습니까? 이런 날들이 반복된다면, 라인홀드 니버의 기도문이 전하는 지혜에 귀를 기울여야 할 때입니다.

이 기도문은 종교적 맥락을 넘어, 인생이라는 복잡한 퍼즐을 풀기 위한 실용적인 지침서로 읽힙니다. 우리는 매일같이 다음과 같은 질문을 마주합니다. "이 상황을 바꿀 수 있는가, 아니면 받아들여야 하는가?" 이 질문에 대한 답이 삶의 평온과 성장을 결정짓습니다.

출근길의 비, 주식시장의 폭락, 자녀의 성격과 성적, 부모님의 건강 문제처럼 우리의 의지와 무관하게 벌어지는 일들이 많습니다. 그러나 우리는 이런 일들에 과도하게 집착합니다.

스토아 철학자 에픽테토스는 "우리를 괴롭히는 것은 상황 자체가 아니라 그 상황에 대한 판단이다"라고 말했습니다. 비가 오는 사실이 문제가 아니라 '비 때문에 계획이 망가졌다'는 우리의 해석이 고통을 불러옵니다.

평온함은 체념이 아닙니다. 현실을 있는 그대로 받아들이는 적

극적인 태도입니다. 건강에 문제가 생겼을 때 "왜 나에게 이런 일이 생겼을까"라고 분노하기보다는 "이 상황에서 할 수 있는 최선은 무엇인가"를 묻는 편이 에너지를 아끼고 타개할 가능성을 엽니다.

니버 기도문의 핵심은 마지막 구절에 담겨 있습니다. "그 차이를 아는 지혜", 이 지혜야말로 균형 잡힌 삶의 열쇠입니다. 하지만 이게 가장 어렵습니다. 어떤 상황은 분명히 통제 가능하거나 불가능한 것으로 나뉘지만, 실제 삶에서는 그 경계가 뚜렷하지 않기 때문입니다.

예를 들어 자녀 교육에서 부모가 통제할 수 있는 것은 무엇일까요? 자녀의 기질이나 재능은 바꿀 수 없지만, 그들에게 제공하는 환경과 기회, 그리고 부모 자신의 태도는 조정할 수 있습니다. 직장도 마찬가지입니다. 상사의 성격이나 회사의 정책은 통제할 수 없지만, 자신의 업무 방식이나 대인 관계는 바꿀 수 있습니다.

지혜란 바로 이런 구분을 해내는 능력입니다. 타고나는 것이 아니라 경험과 성찰을 통해 길러지는 역량입니다. 오늘, 당신은 무엇을 받아들이고 무엇을 변화시키려 하고 있습니까? 그리고 그 차이를 가려낼 지혜는 어디서 찾고 있습니까? 이 물음에 진지하게 답하는 과정이야말로 니버가 강조한 삶의 중심을 세우는 길일 것입니다.

◆

라인홀드 니버(1892~1971)는 미국의 신학자이자 사회윤리학자로, 인간의 불완전성과 도덕적 한계를 현실 정치와 윤리의 중심 문제로 삼았다. 그는 인간은 선을 추구하지만 동시에 자기중심성과 권력욕에서 자유롭지 않다고 보았다.

상처를 외면하지 않는 예술의 힘
아도르노의 예술

"아우슈비츠 이후에 시를 쓰는 것은 야만적이다."

《문화 비평과 사회》

 예술은 마음을 움직이고 위로를 줍니다. 그러나 참혹한 사건 앞에서는 무력하게 보일 때도 있습니다. 독일의 철학자 테오도르 아도르노는 "아우슈비츠 이후에 시를 쓰는 것은 야만적이다"라고 말했습니다. 인간이 저지를 수 있는 극단적 폭력과 고통 앞에서 예술이 어떤 역할을 할 수 있는지에 대한 근본적인 질문이었습니다.

전쟁으로 가족을 잃은 이에게 쉽게 위로의 말을 건넬 수 없듯, 인류의 비극을 마주하면서 아름다움을 이야기하는 것은 부적절해 보일 수 있습니다. 예술이 고통을 외면하거나 현실을 미화하려 한다면 그것은 비극 앞에서의 무례가 될 수 있습니다.

그러나 아도르노는 이 한마디로 예술 자체를 부정한 것이 아닙니다. 오히려 진정한 예술이란 고통을 외면하지 않고 직면해야 한다고 보았습니다. 현실을 있는 그대로 마주하려는 용기와 인간성을 회복하려는 노력이야말로 예술의 본질이라고 강조했습니다.

예술은 감정을 표현하는 수단을 넘어, 상처를 기록하고 기억하며 그것을 넘어설 가능성을 제시하는 통로가 될 수 있습니다. 홀로코스트 생존자의 증언이 단순한 회고를 넘어 인류에게 윤리적 성찰을 요구하듯, 예술은 시대를 기록하고 질문을 던지는 힘이 있습니다.

아도르노는 예술은 현실을 꾸미는 것이 아니라 모순을 드러내고 진실을 응시해야 한다고 말했습니다. 피카소의 〈게르니카〉, 쇤베르크의 〈한밤의 생존자〉처럼 비극을 정직하게 표현하는 작품이야말로 시대의 윤리에 응답하는 예술입니다.

야만성이란 단지 폭력을 의미하지 않습니다. 고통을 가볍게 소비하거나 상업적으로 이용하는 태도에 대한 비판도 될 수 있습니다. 인간의 상처를 상품처럼 다루는 태도야말로 아도르노가 경고한 본질적인 야만입니다.

예술은 질문을 던지고 기억을 남기며 때로는 연대를 이끕니다. 아도르노의 말은 단절이 아니라 더 깊은 책임을 요구하는 선언입니다. 예술을 통해 해야 할 가장 중요한 일은 고통을 부정하지 않고, 그것을 정직하게 마주하며 인간성과 존엄을 회복하는 것입니다.

◆

테오도르 아도르노(1903~1969)는 독일의 철학자이자 음악이론가, 프랑크푸르트 학파의 중심 인물로, 자본주의 대중문화와 이성 중심의 근대성을 비판한 사상가다. 철학과 심리학, 신학에 깊은 영향을 끼쳤다.

의심하지 않는 신념이 위험한 이유
도킨스의 밈

"맹목적 신념이란 밈은 합리적 사고와 검증 과정을 무의식적으로 방해함으로써 스스로를 보존한다."

《이기적 유전자》

우리는 많은 신념을 의심 없이 받아들입니다. 종교적 믿음뿐 아니라 정치, 문화, 일상 습관까지도 마찬가지입니다.

리처드 도킨스는 《이기적 유전자》에서 이를 '밈(meme)'이라는 개념으로 설명했습니다. 유전자가 생물학적 정보를 전달하듯, 밈은 문화적 정보를 전달하는 단위입니다. 그리고 가장 흥미로운 점은 이 밈들이 마치 생명체처럼 '살아남으려' 한다는 것입니다.

밈이라는 단어는 요즘 인터넷에서 유행하는 이미지나 동영상을 떠올리게 합니다. 하지만 도킨스가 1976년 처음 제안했을 당시, 그가 의미한 밈은 훨씬 더 광범위했습니다. 밈은 노래의 후렴구, 유행어, 옷 스타일에서부터 종교적 교리, 과학 이론, 정치 이념까지 다양한 형태를 취할 수 있습니다.

도킨스는 인간이 특정 신념을 받아들이는 과정이 생물학적 진화와 닮았다고 말했습니다. 기존 신념은 변이(mutation)를 거쳐 바뀌고, 사람들의 관심을 끄는 것은 선택(selection)되며, 미디어나 교육을 통해 복제(replication)됩니다. 종교적 의식이나 사회 규범이 시대에 따라 변형되고 재생산되는 방식도 이와 유사합니다.

하지만 일부 밈은 비판을 차단하는 방향으로 진화합니다. '어떤 믿음을 의심해서는 안 된다'라는 생각은 기존 질서를 유지하려는 밈의 자기 방어입니다. 특히 종교나 이념에서는 이러한 경향이 뚜렷합니다. 의심을 죄악시하고 질문을 금기시하는 문화가 형성되면, 사람들은 신념의 기원을 되묻지 않게 됩니다.

이처럼 검증 없이 반복되는 믿음은 유전자처럼 무비판적으로 다음 세대로 이어집니다. 오늘날의 음모론, 극단적 팬덤, 정치적 광신도 비슷한 방식으로 작동합니다. 감정에 호소하고, 동조를 유도하며, 복잡한 현실 대신 단순하고 확신에 찬 설명을 제공합니다.

맹목적 신념이 스스로를 보호하는 방식을 이해하는 것은 그 영향에서 벗어나는 첫걸음입니다. 비판적 사고는 수동적으로 밈에 감염되는 것이 아니라 능동적으로 어떤 아이디어를 받아들일지를 선택하게 해 줍니다. 진정한 지적 자유는 맹신이 아니라 끊임없이 질문하고 사유하는 태도에서 시작됩니다.

◆

리처드 도킨스(1941~)는 영국의 진화생물학자이자 과학 저술가로, 유전자를 중심으로 진화를 설명한 《이기적 유전자》로 널리 알려져 있다. 그는 생명체의 행동을 개체가 아닌 유전자의 관점에서 해석하며, 자연선택의 메커니즘을 새롭게 조명했다. 또한 《신, 만들어진 위험》에서는 종교적 믿음을 과학적 관점에서 비판하며 무신론을 옹호했다.

'다수'라는 생각을 조심해야 하는 이유

니버의 집단의 비도덕성

> "개인으로서 인간은 서로를 사랑하고 섬기며 정의를 세워야 한다고 믿는다. 하지만 인종이나 경제, 국가와 같은 집단은 자신들의 힘이 닿는 한 모든 것을 차지하려 든다."
>
> 《도덕적 인간과 비도덕적 사회》

093 친절한 이웃이 회사에서는 무자비한 상사로, 평소 온화한 학부모가 자녀의 입시 문제에서는 냉혹하게 변하는 모습을 본 적이 있으신가요? 또는 정의를 외치던 이가 자신이 속한 조직이 비판받을 때는 침묵하는 모습을 보고 당혹스러웠던 적은 없었나요?

니버는 《도덕적 인간과 비도덕적 사회》에서 이러한 모순을 설명합니다. 왜 개인으로서는 도덕적 가치를 중시하면서도 집단의 일원이 되면 쉽게 그것을 저버릴 수 있는지에 대한 통찰입니다.

개인은 타인과 직접 마주하며 상대의 표정과 감정을 읽고 공감합니다. 이 직접적 관계는 도덕적 행동의 기반이 됩니다. 길에서 넘어진 아이를 보면 주저 없이 돕는 이유도 여기에 있습니다. 하지만 집단에 속하면 이런 공감의 메커니즘은 무뎌집니다. 회사의 결정이 누군가의 삶에 어떤 영향을 미치는지, 정책이 사회적 약자에게 어떤 고통을 주는지 직접 보이지 않기 때문에 쉽게 외면하게 됩니다.

1964년 뉴욕에서 발생한 캐서린 제노비스 사건은 이런 무관심을 단적으로 보여 줍니다. 그가 공격당하는 동안 수십 명이 비명을 들었지만, 아무도 경찰에 신고하지 않았습니다. 이후 심리학자들은 이를 '방관자 효과'라고 명명했습니다. 목격자가 많을수록 책임감은 분산되고, 결국 아무도 행동하지 않게 되는 현상입니다.

니버는 이러한 집단적 무감각을 경계하며, 윤리적 공동체로 나아가기 위해서는 개인의 자각이 출발점이 되어야 한다고 말합니다. 회의에서 불편한 진실을 지적하고, 모두가 침묵할 때 의문을 제기하며, 관행을 비판적으로 바라보는 태도가 필요합니다.

오늘날 우리는 여전히 도덕적 개인과 비도덕적 집단 사이의 긴장 속에 살고 있습니다. 회사의 이익과 양심, 국가의 이익과 인류 공동선, 나의 편안함과 미래 세대의 삶 사이에서 우리는 끊임없이 선택의 기로에 놓입니다.

집단의 비도덕성은 피할 수 없는 현실일 수 있지만, 그것에 순응할 필요는 없습니다. 우리가 각자의 자리에서 도덕적 기준을 지키고 목소리를 낼 때 비로소 더 윤리적인 사회를 만들어 갈 수 있습니다.

"맹목적 신념이란 믿은 합리적 사고와 검증 과정을 무의식적으로 방해함으로써 스스로를 보존한다."

《이기적 유전자》

"하느님, 제가 바꿀 수 없는 것들을 받아들일 평온함, 바꿀 수 있는 것들을 변화시킬 용기를, 그리고 그 차이를 아는 지혜를 허락해 주소서."

〈기도문〉

◆

필로소피 다이어리

공감 가는 철학자의 말을 쓰고, 어떤 느낌과 생각이 드는지 정리해 보세요.

몰아치는 인생의 풍랑에 대처하는 법
세네카의 항구

"우리의 계획이 실패하는 이유는 목표가 없기 때문이다. 우리가 탄 배가 어떤 항구를 향해 가는지 모른다면, 어떤 바람도 순풍이 될 수 없다."

《삶의 지혜를 위한 편지》

094 하루 종일 바쁘게 움직였지만, 정작 중요한 일은 하나도 하지 못한 느낌이 들 때가 있습니다. 열심히 일했지만 왜 이 일을 하고 있는지 의문이 드는 순간도 찾아옵니다. 갑작스러운 어려움 앞에서 어디서부터 다시 시작해야 할지 막막할 때도 있습니다.

이런 혼란은 세네카가 말한 '항구'가 삶에 없기 때문일 수 있습니다. 세네카는 인생을 바다 위의 항해에 비유하며 방향성의 중요성을 강조했습니다.

거대한 바다 한가운데서 배를 타고 있다고 상상해 보세요. 나침반도 지도도 없이 어디로 가야 할지 모른다면, 어떤 바람이 불어도 그저 표류할 뿐입니다. 목적지가 없으니 순풍도 역풍도 의미를 가질 수 없습니다.

현대 사회에서도 상황은 크게 다르지 않습니다. 끊임없이 쏟아지는 정보, 다양한 기회, 타인의 기대와 사회적 압력 속에서 우리는 정신없이 이리저리 휩쓸립니다. 승진 기회가 생기면 별 고민 없이 따라가고, 주변 사람들이 부동산에 투자하면 불안해지며, SNS를 보며 내 삶이 초라하게 느껴질 때도 있습니다. 이것이 세네카가 경고한 '표류하는 삶'입니다. 외부 자극에 끌려 다닐 뿐, 스스로 정한 방향이 없는 상태입니다.

하지만 목표, 즉 항구가 분명하면 모든 바람은 항해의 일부가 됩니다. 외부 환경은 통제할 수 없지만, 그에 대한 반응은 선택할 수 있습니다. 경기 침체, 질병, 타인의 평가 등은 우리의 의지와 무관하지만, 그것에 어떻게 대응할지는 우리의 몫입니다.

세네카가 강조한 항구란 곧 삶의 핵심 가치와 원칙입니다. 삶의 모든 순간에 결정을 내릴 때 참고할 수 있는 내면의 나침반입니다.

그 항구는 사람마다 다를 수 있습니다. 가족의 행복을 지향하거나, 사회 정의를 실현하거나, 예술적 아름다움을 추구할 수도 있습니다. 중요한 것은 그 목적이 외부의 기대가 아니라 자신의 진정한 가치와 신념에서 비롯되어야 한다는 점입니다.

삶의 목표는 단순히 직업이나 진로를 정하는 것이 아닙니다. 어떤 가치와 태도로 살아갈지를 스스로 묻고 답하는 과정입니다. "나는 지금 어느 항구를 향해 가고 있는가?" 세네카는 우리에게 내면의 나침반을 찾고 진정한 자아를 향해 나아가라고 말합니다. 인생의 바람이 어느 방향으로 불든, 향할 곳을 알고 있다면 우리는 쉽게 흔들리지 않을 것입니다.

무조건 옳은 지식은 없다
포퍼의 반증 가능성

"어떤 사건으로도 반증할 수 없는 이론은 과학적이지 않다. 많은 사람이 생각하는 것과 달리, 반증 불가능성은 그 이론의 장점이 아닌 결점이다."

《과학적 발견의 논리》

095 가족 모임이나 SNS에서 어떤 반론도 받아들이지 않고 자신의 주장만 고집하는 사람을 만난 적이 있을 것입니다. 아무리 명백한 근거를 제시해도 대화가 통하지 않을 때 우리는 답답함을 느낍니다. 철학자 칼 포퍼는 이런 현상을 이해할 수 있는 실마리를 제공합니다.

포퍼는 과학의 본질을 '반증 가능성'이라고 설명했습니다. 이 개념의 핵심은 단순합니다. 진정한 과학적 태도란 "내 생각이 틀릴 수도 있다"라는 가능성을 항상 열어두는 것입니다.

과학을 절대적인 진리를 찾는 과정으로 여기는 경우가 많지만, 포퍼는 과학의 힘이 오히려 불확실성과 수정 가능성에 있다고 강조했습니다. 과학은 확신이 아니라 끊임없는 검증과 수정을 통해 발전합니다. 과학적 태도는 새로운 증거가 나타났을 때 자신의 입장을 기꺼이 수정하는 자세입니다.

반증 가능성은 과학과 비과학을 구분하는 기준이 됩니다. 과학적 이론은 관찰과 실험을 통해 검증 가능해야 하며, 틀릴 수 있는 여지를 포함해야 합니다. 예를 들어, "모든 백조는 하얗다"라는 명제는 검은 백조 한 마리로 반증될 수 있습니다. 반면에 "우주는 신비한 힘으로 움직인다"라는 주장은 반박할 방법이 없기에 과학이라 할 수 없습니다.

이 원칙은 일상적인 믿음에도 적용됩니다. 음모론에 빠진 사람들은 반증 가능한 증거조차 무시하며, 모든 반박을 음모로 치부합니다. 특정 이념에 몰입한 사람들도 반대 의견을 왜곡하거나 배척하면서, 논쟁과 토론 자체를 차단합니다. 이러한 태도는 지적 성찰을 가로막고 편견과 고립을 강화합니다.

포퍼는《열린 사회와 그 적들》에서 반증 가능성의 개념을 정치와 사회로 확장했습니다. 그는 플라톤, 헤겔, 마르크스의 사상을 닫힌 체계로 비판하면서, 열린 사회란 다양한 의견과 비판을 수용하고 스스로를 개선하는 체제여야 한다고 주장했습니다. 민주주의는 "우리가 틀릴 수 있다"라는 겸손함을 전제로 해야 한다는 것입니다.

"새로운 증거에 따라 내 생각을 수정할 수 있다"라는 열린 태도는 삶 전반에서 반드시 필요합니다. 확신에 갇힌 믿음은 비과학적일 뿐 아니라 사고의 유연성을 마비시킵니다. 과학, 정치, 교육, 문화 등 모든 영역에서 반증 가능성을 인정하는 자세는 더 깊은 이해와 협력을 가능하게 합니다. 열린 태도가 진정한 성찰과 성장을 이끄는 시작점입니다.

도덕은 멈추지 않고 진화한다
스펜서의 도덕

"윤리적 사상과 감정은 진화 현상의 일부로 간주되어야 하며, 사회는 진화의 산물이고 도덕적 현상 또한 진화의 결과로 이해되어야 한다."

《윤리학의 원리》

096 우리는 종종 도덕을 영원불변의 진리처럼 여깁니다. 학교, 종교, 가정에서 도덕을 절대적인 기준으로 배우며 성장하지요. 그러나 사회가 변화하고 인간의 삶이 달라지면서 도덕 역시 함께 진화해 온 것은 아닐까요?

19세기 유럽은 산업 혁명과 과학의 발전으로 급격한 변화를 맞이했습니다. 찰스 다윈의 《종의 기원》이 생물학적 진화를 설명하자, 인간 사회도 진화의 법칙에 따라 발전한다는 관점이 퍼졌습니다. 사회학자 허버트 스펜서는 이 흐름 속에서 도덕 또한 고정된 법칙이 아니라 사회에 적응하며 발전한 결과물이라고 보았습니다.

스펜서에 따르면, 도덕은 단순히 종교적 계시나 철학자의 추상적 사유에서 비롯된 것이 아닙니다. 그것은 인간 집단이 생존하고 번영하기 위해 발전시킨 사회적 도구입니다. 작은 부족 사회에서는 구성원 간의 충성과 단결이 핵심 가치였지만, 복잡한 현대 사회에서는 다양한 배경을 지닌 사람들이 평화롭게 공존하기 위해 공정성과 상호 존중이 더 중요해졌습니다.

이런 관점에서 보면, 도덕은 정해진 목적지에 이르는 것이 아니라 끊임없이 적응하고 변화하는 과정입니다. 마치 언어가 시대에 따라 새로운 단어와 표현을 만들어 내듯, 도덕도 새로운 사회적 도전에 맞서며 발전합니다.

현대 사회심리학자 조너선 하이트 역시 도덕을 진화의 산물로 바라봅니다. 그는 《바른 마음》에서 도덕 판단이 이성보다는 직관과 감정에서 비롯된다고 설명합니다. 우리는 무언가가 '옳다' 또는 '그르다'라고 먼저 직감적으로 느낀 뒤, 그 느낌을 정당화할 이유를 나중에 찾는 경향이 있다는 것입니다.

하이트는 도덕을 이루는 여섯 가지 기반, 즉 배려, 공정성, 충성, 권위, 신성, 자유를 제시합니다. 이는 인류가 집단을 유지하고 협력하기 위해 형성한 본능적 토대입니다. 흥미로운 점은 문화에 따라 이 여섯 가지 기반 가운데 무엇을 더 중시하는지가 다르다는 점입니다. 서구 진보 문화는 배려와 공정을 중시하는 반면, 전통 사회나 보수적 문화는 여섯 가지 모두를 비교적 고르게 중요시하는 경향이 있습니다.

결국 도덕은 절대적 기준이 아니라 인간 사회의 필요와 환경에 따라 변화해 온 개념입니다. 따라서 자신의 도덕만이 옳다는 믿음을 경계할 필요가 있습니다. 서로 다른 도덕관을 이해하고, 더 나은 공존을 위한 가치를 함께 고민하는 태도야말로 오늘날 필요한 윤리적 성찰의 출발점입니다.

나와 세상을 바꾸는 공간의 힘

르페브르의 공간

"'삶을 바꾸자! 사회를 바꾸자!'라는 구호는 그에 걸맞은 공간을 만들지 않고서는 공허한 외침에 불과하다."

《공간의 생산》

 어떤 카페에 들어갔을 때 오래 머물고 싶은 곳이 있고, 반대로 빨리 나가고 싶은 곳도 있습니다. 공원이나 광장에서 느끼는 자유롭고 활기찬 분위기도 공간이 주는 힘입니다.

프랑스 철학자 앙리 르페브르는 공간은 단순한 배경이 아니라 사회적으로 생산된 것이라고 말했습니다. 우리가 머무는 공간은 누군가의 의도, 사회적 관계, 권력의 작용에 따라 구성됩니다.

예컨대 고층 빌딩과 격자형 도로는 자본주의의 효율성을 반영합니다. 반면에 유럽의 오래된 광장이나 골목길은 공동체의 삶과 교류의 흔적을 담고 있습니다. 서울의 고급 아파트 단지와 북촌의 좁은 골목이 주는 분위기가 다른 것도 이 때문입니다.

르페브르는 주변 공간이 사회적 메시지를 담는다고 보았습니다. 울타리와 보안으로 둘러싸인 공간은 분리를, 누구나 드나들 수 있는 광장은 통합을 말합니다. 최근에는 공원이나 도서관 대신 쇼핑몰이 만남의 장소 역할을 하며 공공 공간의 상업화를 보여 주기도 합니다.

결국 공간은 우리가 어떤 삶을 살고 있는지, 또 어떤 사회를 만들고 싶은지를 드러냅니다. 일상의 공간을 비판적으로 바라보는 일은 단순한 관찰을 넘어, 더 나은 삶의 구조를 상상하는 일입니다. 우리가 머무는 곳이 곧 우리의 삶을 결정짓는다는 사실을 기억합시다.

◆

앙리 르페브르(1901~1991)는 프랑스의 철학자이자 사회이론가로, 일상생활과 공간을 비판적으로 분석한 사상가다. 그는 자본주의가 삶의 모든 영역에 침투해 일상마저 소외시킨다고 보았으며, 도시와 공간 역시 권력에 의해 구성된다고 주장했다. 《일상생활의 사회학》, 《공간의 생산》 등에서 일상성과 공간을 철학적·정치적 문제로 끌어올렸고, 이는 현대 도시 연구와 비판 이론에 큰 영향을 주었다.

내가 보는 것이 나를 만든다
맥루한의 미디어

"미디어는 메시지다."

《미디어의 이해》

098 우리는 흔히 미디어를 단순한 도구로 생각합니다. 텔레비전은 드라마를 보기 위한 장치, 스마트폰은 정보를 얻거나 소통하기 위한 기기로 여깁니다. '무엇을 보느냐'에만 집중하고, '어떻게 보고 있는가'는 놓치기 쉽습니다.

캐나다의 미디어 이론가 마샬 맥루한은 "미디어는 메시지다"라는 말을 남겼습니다. 이는 콘텐츠보다 그것을 전달하는 미디어 자체가 인간의 감각과 사고방식을 더 근본적으로 바꾼다는 뜻입니다.

인쇄술은 논리적 사고를 강화했고, 텔레비전은 시각 중심의 감각적 사고를 키웠습니다. 오늘날 스마트폰과 SNS는 짧고 강렬한 정보에 익숙해지도록 우리를 재구성합니다. 미디어 환경이 인식 구조를 형성하는 것입니다.

특히 SNS 알고리즘은 취향에 맞는 정보만 반복적으로 제공해 다양한 관점 대신 편향된 정보에 머물게 만듭니다. 자극적이고 즉각적인 콘텐츠는 사고를 단편화시키며, 깊은 성찰을 방해합니다.

맥루한의 통찰은 단순합니다. 중요한 것은 '무엇을 보느냐'가 아니라 '어떻게 접하느냐'입니다. 같은 소설도 종이책으로 읽을 때와 스마트폰으로 읽을 때의 몰입도와 집중력은 완전히 다릅니다. 내용이 같아도 미디어가 달라지면 경험도 달라지는 것이지요.

따라서 정보의 양보다 그것을 접하는 방식에 더 주의를 기울여야 합니다. 스마트한 정보 소비보다 더 중요한 것은 건강한 미디어 환경입니다.

지금 나의 미디어 환경은 내 사고방식을 어떻게 만들고 있습니까? 깊이 있는 삶을 원한다면 콘텐츠의 질만이 아니라 미디어의 구조도 함께 돌아보아야 할 때입니다.

◆

마샬 맥루한(1911~1980)은 미디어의 내용보다 그것이 전달되는 방식 자체가 인간의 사고와 사회를 더 깊이 바꾼다고 주장했다. 인쇄술, 라디오, 텔레비전 등 각 매체는 감각의 균형을 변화시키며 인간 경험을 재구성한다고 보았다.

때로는 모르는 것도 약이 된다
롤스의 무지의 베일

"정의의 원칙은 무지의 베일 뒤에서 선택된다."

《정의론》

099 세계적인 오케스트라에 연주자로 지원했다고 상상해 보세요. 실력만으로 평가받기를 원하지만, 성별이나 외모, 인종 때문에 불이익을 받을까 걱정되지는 않습니까? 이런 우려를 줄이기 위해 많은 오케스트라는 블라인드 오디션을 도입했습니다. 심사위원은 연주자의 모습을 전혀 볼 수 없는 상태에서 오직 연주 실력만 듣고 평가합니다. 이는 철학자 존 롤스가 제시한 '무지의 베일(veil of ignorance)' 개념을 현실에 적용한 사례입니다.

롤스는 《정의론》에서 공정한 사회를 설계하려면 누구도 자신의 지위나 배경을 모르는 상태, 즉 무지의 베일 뒤에 서 있어야 한다고 말했습니다. 정의로운 사회의 원칙은 특정 개인이나 집단의 이익이 아니라 모든 구성원이 동의할 수 있는 보편적 기준을 바탕으로 결정되어야 하기 때문입니다.

무지의 베일이란 개인이 자신의 사회적 조건을 모르는 상태에서 사회의 기본 원칙을 결정해야 한다는 개념입니다. 이러한 조건에서는 개인적 이해관계가 개입될 수 없으며, 오직 공정한 사회를 만드는 원칙만 선택할 수 있습니다.

예를 들어, 자신의 사회적 지위를 모른 채 세금 제도를 설계해야 한다면, 최저 소득층이 과도한 세금 부담을 지거나 부유층만 혜택을 받는 정책을 선택할 수 있을까요? 누구나 불이익을 받을 가능성이 있기 때문에 사람들은 보다 평등하고 공정한 분배 원칙을 채택할 가능성이 높습니다. 롤스는 이러한 원칙이 결국 '최소 수혜자에게 최대의 혜택을 주는' 방식, 즉 '차등의 원칙(difference principle)'으로 귀결된다고 보았습니다.

오늘날에도 롤스의 철학은 교육과 경제 제도에 시사점을 줍니다. 어떤 아이들은 우수한 학교와 교육 자원을 제공받지만, 어떤 아이들은 그렇지 못한 환경에서 출발합니다. 무지의 베일 뒤에서 제도를 설계한다면, 모든 아이가 평등한 교육 기회를 갖도록 하는 방향을 선택할 가능성이 큽니다. 경제 시스템도 과도한 부의 집중을 막고, 복지와 사회 안전망을 강화하는 방향으로 설계될 것입니다.

롤스의 철학은 공정한 사회를 위한 기준을 제시합니다. 누구에게나 공정하게 적용될 원칙을 세우고, 최소 수혜자가 불이익을 받지 않는 구조를 마련해야 합니다. "당신이 누구로 태어날지 모른다면, 지금의 사회는 공정한가?"라는 물음에 자신 있게 "그렇다"라고 답할 수 있도록, 불평등을 줄이고 정의를 실현하려는 노력이 필요합니다.

◆

존 롤스(1921~2002)는 미국의 정치철학자로, 현대 정의론의 흐름을 바꾼 대표적 사상가다. 그는 《정의론》에서 공정성을 핵심 원리로 삼아, 합리적 개인들이 무지의 베일 뒤에서 정의로운 사회의 원칙을 선택할 것이라고 보았다. 자유와 평등, 기회의 균등, 불평등의 정당화 조건 등을 체계화하며, 자유주의 정치철학에 깊은 영향을 주었다.

삶은 누군가 정해 놓은 길을 따르는 것이 아니다

베버의 금욕주의

> "금욕주의가 수도원의 독방을 벗어나 일상생활로 확산되고 세속적 도덕성을 지배하기 시작했을 때, 그것은 현대 경제 질서라는 거대한 체계를 구축하는 데 중요한 역할을 했다."
>
> 《프로테스탄트 윤리와 자본주의 정신》

100 매일 아침 해가 밝으면 우리는 다시금 끝없는 경쟁의 바퀴 속으로 들어섭니다. 더 좋은 직장을 얻고 더 많은 재산을 쌓기 위해 숨 가쁘게 달립니다. 그런데 문득 이런 의문이 떠오릅니다. "우리는 왜 이렇게 바쁘게 살아야만 하는 걸까?", "이토록 일에 매달리는 것이 정말 행복으로 이어질까?"

현대 사회는 성과주의적 문화를 중심으로 돌아갑니다. 더 많은 성취와 높은 생산성을 요구하는 이 문화는 어디에서 비롯된 것일까요? 독일 사회학자 막스 베버는 근대 자본주의 정신의 기원을 금욕주의에서 찾았습니다. 그는 중세 수도원의 금욕주의가 자본주의 정신의 토대가 되었다고 설명합니다.

수도사들은 사치와 쾌락을 멀리하며 신에게 헌신하는 삶을 살았습니다. 베버는 이 금욕주의가 일상생활로 확장되며, 특히 프로테스탄트들이 노동을 신의 부름으로 여긴 점에 주목했습니다. 열심히 일하고, 검소하게 살며, 번 돈을 다시 일에 투자하는 것이 신을 기쁘게 하는 길이 되었습니다. 이러한 윤리는 근대 자본주의 사회에서 성실한 노동과 자본 축적을 미덕으로 만들었고, 경제 성장의 원동력이 되었습니다.

시간이 흐르면서 이 정신은 변질되었습니다. 효율성과 생산성이 우선시되고, 휴식과 여가는 점점 밀려났습니다. 더 많이 일해야 한다는 강박은 번아웃과 삶의 균형 붕괴를 불러왔습니다.

최근 '노마디즘'이라는 새로운 삶의 태도가 주목받고 있습니다. 유목민처럼 한곳에 얽매이지 않고 자유롭게 움직이며 변화를 받아들이는 태도입니다. 최근 젊은 세대는 안정된 직장보다는 자유로운 이동과 다양한 경험을 중시하며, 노동 중심의 사고에서 벗어나 삶을 더 풍요롭고 창의적으로 만들려는 움직임을 보이고 있습니다.

삶은 누군가 정해 놓은 길을 따르는 것이 아니라 스스로 만들어 가는 여정입니다. 이제는 우리가 주체적으로 삶을 설계하고, 노동뿐 아니라 휴식과 여유를 통해 더 깊고 의미 있는 삶을 찾아 나아가야 할 때입니다.

◆

막스 베버(1864~1920)는 독일의 사회학자이자 정치경제학자로, 근대 서구 사회의 발전 과정을 심층적으로 분석한 인물이다. 그는 《프로테스탄트 윤리와 자본주의 정신》에서 금욕적 신앙이 자본주의 정신 형성에 기여했다고 주장했고, 권력의 정당성을 전통·카리스마·법적 합리성의 세 가지 유형으로 구분했다.

긴 삶보다 의미 있는 삶을 살라
몽테뉴의 삶의 가치

"삶의 진정한 가치는 얼마나 오래 사느냐가 아니라 그 시간을 어떻게 보내느냐에 달려 있다. 오랜 세월을 살았다 해도 실상은 너무나 적게 산 이들이 있으니까."

《수상록》

101 우리는 종종 좋은 삶이란 무엇인지 고민합니다. 바쁘게 살아가지만 진정으로 의미 있는 시간을 보내고 있는지 돌아볼 때가 있습니다. 과연 삶의 가치는 무엇으로 결정될까요?

르네상스 철학자 미셸 드 몽테뉴는 "삶의 가치는 얼마나 오래 사느냐가 아니라 그 시간을 어떻게 보내느냐에 달려 있다"라고 말했습니다. 단순히 오래 사는 것이 아니라 주어진 시간을 어떻게 채우느냐에 삶의 진정한 의미가 있다는 것입니다.

몽테뉴의 철학은 회의주의를 바탕으로 합니다. 하지만 이는 모든 것을 부정하는 태도 대신 외부 기준이나 사회적 기대를 맹목적으로 따르지 않겠다는 다짐이었습니다. 그는 공직에서 물러난 뒤 고향 성에서 독서와 사색, 글쓰기를 통해 자신만의 삶을 살아갔습니다.

몽테뉴는 변화무쌍한 삶을 자연스러운 흐름으로 받아들였습니다. 그는 "세상은 바퀴 위에서 돌아간다"라고 말하며, 억지로 방향을 바꾸려 하기보다 변화에 유연하게 적응하는 태도를 강조했습니다.

죽음 또한 두려움의 대상이 아니라 삶의 일부로 받아들였습니

나의 철학 노트

다. 그는 철학을 공부하는 것은 죽음을 배우는 것이라며, 죽음을 통해 현재를 더욱 충실히 살아야 한다고 강조했습니다.

몽테뉴가 말하는 좋은 삶은 완벽함을 좇는 삶이 아닙니다. 유머와 여유를 잃지 않는 삶입니다. 그는 자신의 기억력이 나쁘다는 점을 가볍게 인정하며, 인간의 불완전함을 받아들이는 태도가 삶을 가볍고 충만하게 만든다고 보았습니다. 절제와 균형 속에서 적당한 쾌락과 즐거움을 누리는 것도 삶의 중요한 일부라고 여겼습니다.

여행을 즐기고 새로운 문화와 음식을 경험하며, 친구들과 나누는 농담을 통해 삶의 활력을 찾는 그의 태도는 삶을 너무 심각하게 받아들이지 말라는 조언처럼 들립니다. 몽테뉴는 우리에게 묻습니다. "당신은 지금, 삶을 지나치게 무겁게 짊어지고 있지는 않은가?"

결국 좋은 삶이란 거창한 목표나 완벽함에 있는 것이 아닙니다. 불완전한 자신을 인정하고, 현재의 삶을 자기만의 방식으로 즐기는 데 있습니다. 유머와 여유, 그리고 균형 잡힌 태도야말로 몽테뉴가 말한 진짜 철학적 삶일지도 모릅니다.

◆

미셸 몽테뉴(1533-1592)는 《수상록》을 통해 삶의 본질과 인간 존재의 의미를 탐구했다. 그는 "삶의 가치는 얼마나 오래 사느냐가 아니라 그 시간을 어떻게 보내느냐에 달려 있다"라고 말하며, 단순히 오래 사는 것이 아니라 주어진 시간을 의미 있게 채우는 것이 중요하다고 강조했다.

필로소피 TO DO LIST

"삶의 가치는 얼마나 오래 사느냐가 아니라
그 시간을 어떻게 보내느냐에 달려 있다."

《수상록》

오늘을 더 가치있게 살기 위한 TO DO LIST

- [ ] _____
- [ ] _____
- [ ] _____
- [ ] _____
- [ ] _____
- [ ] _____
- [ ] _____
- [ ] _____

"우리가 탄 배가 어떤 항구를 향해 가는지 모른다면, 어떤 바람도 순풍이 될 수 없다.

《삶의 지혜를 위한 편지》

"'삶을 바꾸자! 사회를 바꾸자!'라는 구호는 그에 걸맞은 공간을 만들지 않고서는 공허한 외침에 불과하다."

《공간의 생산》

더 나은 삶을 위한 필로소피 만다라트

마음에 남은 철학자의 문장을 중심에 두고, 각 칸에 떠오른 생각이나 바꾸고 싶은 태도를 적어 보세요.

	철학자의 문장	

이제는 당신만의 철학을 세울 차례다

이 책의 마지막 장을 넘기며 긴 여정을 마무리합니다. 철학자들의 지혜가 담긴 101개의 문장이 여러분의 마음에 어떤 울림을 남겼을지 궁금합니다. 어떤 문장은 깊은 공감을 주었고, 또 어떤 문장은 새로운 생각의 문을 열었을지도 모릅니다. 철학은 결국 정답을 주기보다는 더 나은 질문을 찾아가는 과정이니까요.

고대 그리스 사람들은 철학을 '지혜를 사랑하는 일'이라 불렀습니다. 여기서 말하는 지혜는 단지 지식이 아니라 '어떻게 살아야 할지'를 묻는 태도였습니다. 철학자들은 진리를 찾아 끊임없이 질문했고, 그 여정에서 얻은 통찰을 우리에게 남겼습니다.

이 책에서 만난 철학자들의 말은 오늘날에도 여전히 유효합니다. 아리스토텔레스가 말한 탁월함, 니체가 경고한 내면의 괴물, 공자가 강조한 배움의 중요성은 지금도 삶의 방향을 돌아보게 합니다.

또한, 철학은 삶을 깊이 있게 바라보는 힘을 줍니다. 아무리 바쁜 일상일지라도 가끔은 스스로에게 물어볼 필요가 있습니다. "나는 왜 이렇게 살고 있지?", "좋은 삶이란 무엇이지?" 이런 질문은 삶을 더 단단하게 만들고, 나 자신과 더 깊이 연결되게 해 줍니다.

물론 철학이 모든 해답을 주는 것은 아닙니다. 철학자들도 우리처럼 실수하고 방황했습니다. 그러나 그들의 질문은 여전히 오늘의 삶을 비추는 거울이 됩니다. 철학의 진짜 가치는 완벽한 정답이 아니라 질문을 멈추지 않는 데 있습니다.

이 책의 문장들이 여러분의 삶에 깊이를 더하고, 때로는 위로가 되며, 또 어떤 순간엔 변화를 이끄는 계기가 되었기를 바랍니다. 그리고 이 책이 여러분만의 철학을 시작하는 출발점이 되었기를 바랍니다. 철학은 책 속이 아니라 우리가 살아가는 일상 속에 있습니다.

앞으로도 계속 질문하고 사유하며 성장해 나가시길 바랍니다. 막막한 순간이 찾아올 때 철학자들의 지혜를 떠올려 보세요. 그들도 우리처럼 끝없이 고민하며 살아갔습니다. 그리고 무엇보다, 자신만의 답을 찾아갈 용기를 잃지 마세요. 그 용기야말로 나만의 철학이 시작되는 지점입니다.

참고 문헌

·《니코마코스 윤리학》, 아리스토텔레스, 박문재 역, 현대지성
·《철학의 문제들》, 버트란드 러셀, 박영태 역, 서광사
·《도덕경》, 노자, 오강남 역, 현암사
·《고백록》, 아우구스티누스, 김희보 역, 동서문화사
·《향연》, 플라톤, 강철웅 역, 아카넷
·《종교의 본질에 대하여》, 루트비히 포이어바흐, 강대석 역, 한길사
·《Life 삶이란 무엇인가》, 수전 울프, 박세연 역, 엘도라도
·《연약한 선》, 마사 너스바움, 강명신·이병익·이주은 역, 서커스
·《니체와 철학》, 질 들뢰즈, 이경신 역, 민음사
·《마르크스의 유령들》, 자크 데리다, 진태원 역, 그린비
·《에티카》, 베네딕투스 데 스피노자, 강영계 역, 서광사
·《도덕감정론》, 애덤 스미스, 김광수 역, 한길사
·《에로스와 문명》, 헤르베르트 마르쿠제, 김인환 역, 나남
·《자연》, 랄프 왈도 에머슨, 서동석 역, 은행나무
·《윤리학 원리》, 조지 에드워드 무어, 김상득 역, 아카넷
·《원형과 집단 무의식》, 칼 구스타프 융, 정명진 역, 부글북스
·《닫힌 방·악마와 선한 신》, 장 폴 사르트르, 지영래 역, 민음사
·《천의 얼굴을 가진 영웅》, 조셉 캠벨, 이윤기 역, 민음사
·《월든》, 헨리 데이비드 소로우, 강승영 역, 은행나무
·《차라투스트라는 이렇게 말했다》, 프리드리히 니체, 이진우 역, 휴머니스트
·《시지프의 신화》, 알베르 까뮈, 김화영 역, 민음사
·《물질과 기억》, 앙리 베르그송, 박종원 역, 아카넷
·《나르시시즘의 문화》, 크리스토퍼 라쉬, 최경도 역, 문학과지성사
·《명상록》, 마르쿠스 아우렐리우스, 천병희 역, 도서출판 숲
·《죽음의 수용소에서》, 빅터 프랭클, 이시형 역, 청아출판사
·《논리-철학 논고》, 루트비히 비트겐슈타인, 이영철 역, 책세상
·《실존주의는 휴머니즘이다》, 장 폴 사르트르, 방곤 역, 문예출판사
·《덕의 상실》, 알래스데어 매킨타이어, 이진우 역, 문예출판사
·《신화의 힘》, 조셉 캠벨·빌 모이어스, 이윤기 역, 21세기북스
·《무엇을 가르칠 것인가》, 허버트 스펜서, 유지훈 역, 유아이북스
·《엥케이리디온》, 에픽테토스, 김재홍 역, 까치
·《행복의 함정》, 리처드 레이어드, 정은아 역, 북하이브
·《비극의 탄생/즐거운 지식》, 프리드리히 니체, 곽복록 역, 동서문화사
·《사랑의 기술》, 에리히 프롬, 황문수 역, 문예출판사
·《폴 틸리히 조직신학》, 폴 틸리히, 남성민 역, 새물결플러스
·《언어 일반과 인간의 언어에 대하여·번역자의 과제 외》, 발터 벤야민, 최성만 역, 길
·《폭력과 성스러움》, 르네 지라르, 박무호·김진식 역, 민음사

· 《팡세 : 분류된 단장》, 블레즈 파스칼, 김화영 역, IVP
· 《의지와 표상으로서의 세계》, 아르투어 쇼펜하우어, 홍성광 역, 을유문화사
· 《공리주의》, 존 스튜어트 밀, 이종인 역, 현대지성
· 《도덕의 기초에 관하여》, 아르투어 쇼펜하우어, 김미영 역, 책세상
· 《동기와 성격》, 에이브러햄 매슬로, 오혜경 역, 연암서가
· 《선악의 저편》, 프리드리히 니체, 박찬국 역, 아카넷
· 《나와 너》, 마르틴 부버, 김천배 역, 대한기독교서회
· 《아침놀》, 프리드리히 니체, 박찬국 역, 책세상
· 《사랑의 힘》, 마틴 루터 킹, 채규철 외 역, 예찬사
· 《감정노동》, 앨리 러셀 혹실드, 이가람 역, 이매진
· 《분열된 자기》, 로널드 랭, 신장근 역, 문예출판사
· 《논어》, 공자, 소준섭 역, 현대지성
· 《플라톤의 국가·정체(政體)》, 플라톤, 박종현 역, 서광사
· 《공정하다는 착각》, 마이클 샌델, 함규진 역, 와이즈베리
· 《시간과 타자》, 에마누엘 레비나스, 강영안·강지하 역, 문예출판사
· 《중력과 은총》, 시몬 베유, 윤진 역, 문학과지성사
· 《철학적 탐구》, 루트비히 비트겐슈타인, 이승종 역, 아카넷
· 《타인의 고통》, 수전 손택, 이재원 역, 이후
· 《학문의 진보/베이컨 에세이》, 프랜시스 베이컨, 이종구 역, 동서문화사
· 《정신의 삶 - 사유와 의지》, 한나 아렌트, 홍원표 역, 푸른숲
· 《시뮬라시옹》, 장 보드리야르, 하태환 역, 민음사
· 《일차원적 인간》, 헤르베르트 마르쿠제, 박병진 역, 한마음사
· 《프리즘 - 문화비평과 사회》, 테오도르 W. 아도르노, 홍승용 역, 문학동네
· 《이기적 유전자》, 리처드 도킨스, 홍영남·이상임 역, 을유문화사
· 《도덕적 인간과 비도덕적 사회》, 라인홀드 니버, 이한우 역, 문예출판사
· 《세네카 삶의 지혜를 위한 편지》, 루키우스 안나이우스 세네카, 김천운 역, 동서문화사
· 《과학적 발견의 논리》, 칼 포퍼, 박우석 역, 고려원
· 《공간의 생산》, 앙리 르페브르, 양영란 역, 에코리브르
· 《미디어의 이해》, 허버트 마셜 매클루언, 김성기·이한우 역, 민음사
· 《정의론》, 존 롤스, 황경식 역, 이학사
· 《프로테스탄티즘의 윤리와 자본주의 정신》, 막스 베버, 김덕영 역, 길
· 《몽테뉴 수상록》, 미셸 에켐 드 몽테뉴, 손우성 역, 동서문화사
· 《Words of Wisdom: Philosophy's Most Important Quotations and Their Meaning》, Southwell, Gareth, Quercus Publishing, 2015.
· https://en.wikiquote.org/, 인터넷 명언 백과사전

읽고 쓸수록 내일이 달라지는 101가지 철학자의 말

나의 철학 노트

© 정지영 2025

인쇄일 2025년 5월 23일
발행일 2025년 5월 30일

지은이 정지영
펴낸이 유경민 노종한
책임편집 김세민 이지윤
기획편집 유노책주 김세민 이지윤 **유노북스** 이현정 조혜진 권혜지 정현석 **유노라이프** 구혜진
기획마케팅 1팀 우현권 이상운 **2팀** 이선영 최예은 전예원 김민선
디자인 남다희 홍진기 허정수
기획관리 차은영
펴낸곳 유노콘텐츠그룹 주식회사
법인등록번호 110111-8138128
주소 서울시 마포구 월드컵로20길 5, 4층
전화 02-323-7763 **팩스** 02-323-7764 **이메일** info@uknowbooks.com

ISBN 979-11-7183-112-8 (03190)